CQ
cultural
intelligence

CQが切り拓く組織文化

強い組織は違いを楽しむ

著｜宮森千嘉子　監修｜デイヴィッド・リヴァモア

日本能率協会マネジメントセンター

出版によせて

私はキャリアの大半を、ＣＱ（Cultural Intelligence：文化的知性）についての研究や執筆、講演に費やしてきました。ＣＱとは、異なる文化的背景を持つ人々と効果的に働き、関係を築く力のことです。世界中で研究され、文化的な違いがある場所で、パフォーマンスを大幅に向上させることで知られます。「文化的な違いがある場所」とは、現代のほぼ全ての場所を意味します。

よくこんな問いを耳にします。

「ＣＱと組織文化はどのように関連しているのでしょうか？」

これについて学術的な見地から答えることもできます。ただ私は長年、研究実績を実社会に採り入れていただくための実用的なアプローチをも包含した答えを示したいと考えていました。

そしてその答えが、この本『強い組織は違いを楽しむ　ＣＱが切り拓く組織文化』の中にあります。

著者の宮森千嘉子さん（チカ）がこの本で示したのは、ＣＱを活用して組織文化の構築を主導し、変革していくための4ステップです。

とりわけ日本に軸足を置いた多国籍企業の事例は示唆に富みます。ＣＱにより組織のパフォーマンスやイノベーション力、従業員のエンゲージメントを高める文化へと戦略的に変える方法が明かされています。

組織が文化を変えようとするときには、表面的な調整に焦点を当てがちです。新しいスローガンやミッションステートメントの打ち出し、構造的な再編成など。しかし、サステナブルな変革のためには、文化への理解は欠かせません。文化とはどのように機能し、進化するのか。何よりいかにして変革をリードすべきかを知っておく必要があります。

チカは私たちの研究組織ＣＱ Fellowsの一員です。同時に、ＣＱをその研究に厳格にのっとりながら、実用に適したものへとシフトさせていくエリートコミュニティーのメンバーでもあります。

この本にはそれらの成果が現れています。深い洞察と事例をもとに、短絡的な解決に留まらないアプローチが述べられています。

CQを用いて組織文化を診断し、構築し、維持していく。世代交代を乗り越え、グローバルチームを率い、よりイノベーティブでインクルーシブな組織にしていくために努力をしているあなたにとって、本書はその道筋を示してくれるに違いありません。

とくに本書で提供される組織文化変革のモデルが、融通の利かない画一的なモデルではない点で、多くの読者に価値があると言えるでしょう。

本書が示すのは、どのような文脈でも効果的に組織文化をリードしていける、CQに基づいた考え方です。日本でもアメリカでも、世界のどこでも活用できます。

この本は、あらゆるレベルのリーダーにとってかけがえのないサポーターになってくれます。

この本を推薦できることに感謝しつつ、この本が皆さまに対して明確な自信と影響力を持って組織文化をナビゲートする助けになることを願っています。

監修　デイヴィッド・リヴァモア博士

はじめに

2024年7月19日、米マイクロソフトのOS Windowsを搭載したコンピュータで、史上最大規模とされるシステム障害が発生しました。

このとき、マイクロソフトは驚くべき対策を取りました。顧客のみならず、競合であるAmazonやGoogleなどとも迅速に連携。状況を共有して技術的なガイダンスとサポートを提供し、混乱したシステムを安全に再稼働させることに集中しました。

競合他社との連携は、言われてすぐにできるものではありません。連携を成り立たせるための組織文化が同社に醸成されていたことが分かります。

サティア・ナデラCEOは2014年の就任以来、「CEOのCは、文化（Culture）のC」と、文化の重要性を強調してきました。就任以来、同社の年間収益は860億ドルから2366億ドルへと急増。株価は12倍に上昇しました。フォーチュン500のCEOたちから「最も尊敬されるCEO」に選ばれたのも納得です。

どんなに素晴らしい戦略を立てても組織文化と相反すれば、実行のスピードは鈍ります。

組織文化とは、戦略の〝良きパートナー〟にすべきもの。そこに向かうためには、組織のパーパスやリーダーのコミットメントが必要です。

そしてさらに欠かせないのが、組織文化と個人の想いを共鳴させること。[1]組織とは個人の集まりです。そのため、個人を大切にすることはもちろん、その個々の違いをも大切にする必要があります。

今日、組織で働く人たちの価値観や背景は多様化しています。

さまざまな場面で、メンバーが能力を発揮できて、共通のパーパスの実現に向かう組織文化が必要です。

そのためには、文化を使いこなすための実践的な能力、ＣＱが不可欠です。

1 Simona Giorgi. Christi Lockwood, Mary Ann Glynn, The Many Faces of Culture: Making Sense of 30 Years of Research on Culture in Organization Studies, 2015

私は前著『経営戦略としての異文化適応力 ホフステードの6次元モデル実践的活用法』でCQを異文化適応力と訳し、グローバル環境での成功には欠かすことのできないリーダーの力として紹介しました。CQの高いリーダーには、国境を越えて成功できるダイナミックな適応力があります。

人生は「違い」にあふれています。違いに橋を架け、そこから創り出された新しいものごとは、人に大きな力を与えます。持続的な組織の実現にも、社員のウェルビーイング達成にも。CQとは何も、グローバルな異文化だけに適応する力ではありません。あらゆる文化の違いに適応する力。CQを高めることは組織に不可欠です。

私たちのCQコンサルティングやワークショップを修了したビジネスリーダーは次のように言います。

・CQを学ぶと、違う考えを持つ人と協働する力が養われ、結果として成果や創造につながる

・視野の拡大、共感力や問題解決能力の向上等が図られるため、リーダーとしてとても重要なスキル。今後の海外との仕事および世代の違う社員とのコミュニケーションに使っていきたい
・人を基本とする経営の深化において、そしてＤＥＩ（Diversity, Equity and inclusion：多様性・公平性・包括性）に取り組む上での必須科目。個人の価値観の違いを理解した上でのアプローチが、結局、急がば回れになるのではと感じた
・自分のことを知るとともに、世の中を見る目、他人を見る目をアップデートできる。世界観が変わりました
・同じ日本人であっても一人ひとり価値観が違うことを再認識しました。日常での組織文化の実践、部下とのコミュニケーションに大変有効です
・人生がラクになりました。もっと早くＣＱを知りたかった

ＣＱがあれば、「違い」を観察し、編集して、共創を実現する新しい組織文化や考え方や行動を生み出すことができます。

私は大学卒業後、日本企業に就職しましたが、外資系企業への転職、英国への留学が転機となり、日本、英国、スペイン、米国に住み、バックグラウンドの違う50カ国以上の人と共に働く機会を持つことができました。

そうした中で、顧客を怒らせたり、上司と合わなかったり、苦労を重ねて覚えたアングロサクソン風のビジネススタイルを日本でそのまま用いたら部下から総スカンにあったり。数え切れないほどの「泥水を飲むような体験」を重ねてきました。

その間ずっと、これは「自分の英語力やビジネススキルが足りないせいだ」「相手の人格や能力に問題があるせいだ」などと思い込み、ストレスに押しつぶされそうな日々を送っていました。

ところが2012年に、自分の会社員生活の要所で暗雲となってきた「違い」のほとんどが「文化」によるものだと気付いた瞬間、目からウロコが落ちました。これまで見えなかった世界がふっと見えるようになったのです。以来、「文化」と「違い」の研究を始め、「違い」に悩む人や組織の支援を仕事にしてきました。最初の数年は「異文化コンサルタント」として、国と国の違いが原因で起こるビジネスの課題解決を支援していました。しかし日常生活の中にも、世代、性別、性的傾向、収入、教育、考え方など、さまざまな「違い」があります。たとえ外国人と接点のない人でも、意外と身近なところに自分と異なる文化を持った人がいる。そんな気付きから、違いに橋を架けポジティブなエネルギーに変換する力、CQにのめり込んでいきました。

昨今、企業の統合報告書などを開けば、企業文化、組織風土、カルチャーなど、言葉遣いはさまざまですが、多くの企業が組織文化に言及しています。人事を担う部門を「ピープル&カルチャー」と呼ぶ企業も増えています。組織文化を語らずしてビジネスを進めることはできなくなる。そんな時代にさしかかっています。一方、同じ組織で働いている人からの「会社の価値観に合わせろ」という同調圧力に苦しんでいる人もいます。日本のエンゲージメント指標の低さの大きな要因でもあります。

一人ひとり違う個人の幸せと、組織のパフォーマンスを両立させたいと願う方の参考になれば、と思い、私はこの本を書きました。人間は太古の昔も、今も、明日も、たったひとりの個人では生きられません。共同体の一員として生きる動物です。調和と緊張があり、そこには違いへの共感（エンパシー）が求められます。共感は、同意を意味しません。共感は、何よりも自己理解と他者理解を必要とし、相手との相互適応を可能にします。

共感を高める能力がＣＱです。ＣＱを高めれば、個々人の違いを受け入れ、同時に高いパフォーマンスを可能にする組織文化を構築できます。

この本は組織文化を変えようと動く企業のリーダーたち、組織の個々人が共になって新しい価値を創造していくことを一心に願うマネジャーたち、さらには多様性の進む組織の中で日常的な摩擦や対立に思い悩むメンバーたちにとって、ポジティブな学びと実践を提供できないかという想いから執筆しました。9章構成をとり、組織文化の変革に取り組む企業のリーダーへのインタビューも事例として盛り込みました。なお肩書等は本書の取材時点のものになります。

ＣＱについては、21世紀に入ってから世界中で多くの研究が積み重ねられています。本書は監修者であるデイヴィッド・リヴァモア博士らによる研究に多くの恩恵を受けました。また第4章ではブリガムヤング大学マリオット経営大学院の戦略論担当であるジェフリー・ダイヤー教授による知的誠実性と心理的安全性の研究を元に紹介するなど、他にも本書は多くの先人たちの研究に示唆を得ています。とりわけ直接に教えを受けたヘールト・ホフステード先生には敬意と感謝の念に堪えません。

意志さえあれば、どんな組織でもCQを高めることができます。組織が文化をどう使えばいいかを心から理解すれば、組織で働く人々の力を最大限に活用でき、世界観が変わります。

この世は「違い」にあふれているもの。

「違い」に橋を架けてそこから共に新しいものを創り出す経験は、何ものにも代え難く、素晴らしいものです。

簡単ではありません。

でもCQは、誰とでも、どこででも適応し、成功するためのダイナミックな力。

CQをツールとして持ち合わせ、個人が活き活きと、ハッピーに個性を発揮しながら、共創し結果を出す組織文化の旅路。この本が、そのはじめの一歩となることを、心から願っています。

宮森千嘉子

もくじ

出版によせて　2
はじめに　6

第1章　組織文化とは何か

組織文化は現在進行系　24
組織文化とは何か？　25
組織文化は3つの関わり方　27
組織文化に良し悪しはない　31
組織文化の多層構造　34
日常的な慣行　44
column　ケーススタディから見るスピニング・オニオン　47

第2章 不安定な現代への対処

不安定さが加速した現代 52
BANI時代に対処するための4つの力 55
不可欠となる自律、共感と共創 58
column 文化とは何か？ 62

第3章 組織と個人の関係性

組織に〝自己〟を用いる 68
現代に問われるパーパス経営 70
パーパス経営の3つのステップ 72
組織と個人のパーパスの重なり 77
重なっていない部分に目を向ける 79
column 共鳴の先へと歩むこと 82

第4章　多様性のつまずき

多様性を資産に　86
「多様性疲れ」の実状　88
多様性には二軸がある　91
多様性を活かす心理的安全性　97
見落とされがちな知的誠実性　98
心理的安全性と知的誠実性から見た4つの組織文化　102
多様性を活かす鍵　106
column　漫画に見る心理的安全性と知的誠実性の共存　110

第5章　どこで誰とでも効果的に働くためのCQ

組織文化変革に欠かせないCQ　114
CQは成功への〝ブースター〟　117
意見交換を活性化　120
エンパシー（共感）とシンパシー（同情）　121
column　スターバックスとCQ　126

第6章　組織とCQ

CQの4つの要素　130
調整能力向上とストレスの軽減　154
共感を基盤に生まれるルール　156
column　ビジネス以外にもCQを　160

第7章　共創の組織文化を醸成する

4つのステップを回す　164
ステップ1　現状を把握　166
ステップ2　目指す文化を定義　173
ステップ3　リーダーによる模範提示　181
ステップ4　行動基準とルールの策定、見直し、強化　184
CQを組織に展開　187
column　7つの組織モデル　190

第8章　分極化の時代に

内向きによる難しさ　200
「怒りの時代」とCQ　202
予測不可能な中でどう動くか　204

同化と共創・インクルージョン　206
共創の組織文化への道　209
自文化中心主義と文化相対主義　214
リーダーがCQを高め続ける　217
違いに橋を架ける、力に変える　218
column　駐在員による共創への5年　223

第9章　組織文化を語る

CASE STUDY 01　組織文化で二項対立を乗り越える　226
株式会社丸井グループ　代表取締役社長　代表執行役員（CEO）
青井浩氏

CASE STUDY 02
海外に浸透させた日本企業の組織文化
三谷産業株式会社
取締役海外事業担当　ベトナム事業企画促進室長
三浦 秀平 氏
242

CASE STUDY 03
経営幹部がCQを高める意義
株式会社東レ経営研究所
代表取締役社長
髙林 和明 氏
259

CASE STUDY 04
組織文化の変革に取り組む覚悟と信念
株式会社レゾナック
代表取締役社長CEO
髙橋 秀仁 氏
273

取締役 常務執行役員
最高人事責任者（CHRO）
今井 のり 氏

CASE STUDY 05
一人ひとりが持つものを尊重する 291
マレーシア味の素社
代表取締役社長
大澤 理一郎 氏

あとがき 308

第1章

組織文化とは何か

Ein einzelner Mensch kann nichts für sich allein tun;
alles Gute kommt nur durch
Gemeinschaft und Wechselwirkung zustande.

個人は単独では何も成し得ない。
全ての善きことは、共同体と相互作用を通じてのみ生まれる。

ゲーテ

組織文化は現在進行系

羽田空港に着陸した日本航空（ＪＡＬ）の旅客機と、海上保安庁の航空機が衝突したのは、２０２４年１月２日の17時47分のことでした。

衝突後すぐに機体から火災が発生。旅客機の機内に煙が充満し、窓の外では炎が上がります。

乗務員同士の連携が必要な場面でしたが、火災の影響で機内のインターフォンは機能せず。機長の指示を仰ぐこともかないません。

この状況に乗務員たちは目視で状況を判断し、声を張りながら、自らの責任で適切な脱出経路を選びます。

旅客機に乗っていた３７９名全員の脱出が完了したのは17時58分です。この間、11分。冷静さと迅速な行動が命を救ったのです。

乗務員たちの行動の背景にあったのは、ＪＡＬが培ってきた「安全を最優先する」組織文化でした。１９８５年のＪＡＬ１２３便墜落事故を教訓に、安全意識を社員一人ひとりに浸透させるための訓練が徹底されていたのです。

しかし24年のこの事故の後に、ＪＡＬではヒューマンエラーによるトラブルが相次ぎ、国土交通省からの厳重注意を受けています。羽田空港航空機衝突事故での対処が称賛された一方で、安全運航を支える組織文化のさらなる強化に加え、個人の潜在的な価値観に目を向ける必要性も浮き彫りになりました。

組織文化の構築には、始まりがあっても終わりはありません。経営陣と従業員の間で日々行われる継続的な共創の旅、〝ジャーニー〟です。全てのレベルで、全ての人が責任を持って取り組むものです。

組織文化とは何か？

世界40カ国の経営陣と従業員３２００名を対象とした「グローバル組織文化調査

2021」によれば、「組織文化は戦略や経営モデルより重要である」と答えた人は67％、「組織文化は変革実現のための取り組みを成功に導いている」との回答は72％でした。[2]

別の調査によれば、94％の経営幹部と88％の従業員が、独自の職場文化がビジネスの成功には重要だと考えています。[3]

組織文化（Organizational Culture）とは何なのでしょうか？

カルチャーの語源「colere」には「育てる」という意味が含まれます。**組織文化は意図的に育てるもの**であり、時代や環境に応じて、変化します。

組織文化は現在進行形です。組織が戦略やその都度の優先事項を見直し続けるように、組織文化も行動やプロセス、実践に伴って進化させ続ける必要があります。

組織文化とは、組織にまつわる「関わり方」の全てではないかと私は捉えています。

組織文化は3つの関わり方

「文化と経営の父」と呼ばれるヘールト・ホフステード先生[4]は、組織文化を考えるにあたって目を向けるべき関わり方が3つあると述べています。①組織内、②仕事、③組織外との関わり方です。

2　「グローバル組織文化調査2021」（PwC、2021）
3　"Core beliefs and culture Chairman's survey findings"（Deloitte, 2012）
4　オランダの社会心理学者・経営学者。1960年代後半から「文化」という抽象的な概念に着目し、文化と経営の領域における世界的なパイオニアとなった。博士の研究論文や著作は、毎年1万件以上引用され、この分野における最も長い歴史と継続的な実証研究の基盤を築いてきた。また、『ウォールストリートジャーナル』が選ぶ最も影響力のあるビジネス思想家トップ20に選出され、10カ国で合計10件の名誉博士号を取得している。著書"Cultures and Organizations: Software of the Mind"は、全世界で累計50万部以上を売り上げ、20カ国語に翻訳されている。日本語版は『多文化世界――違いを学び未来への道を探る』（石井八郎、石井紀子訳、有斐閣、2013）。

■ 組織文化の３つの関わり方

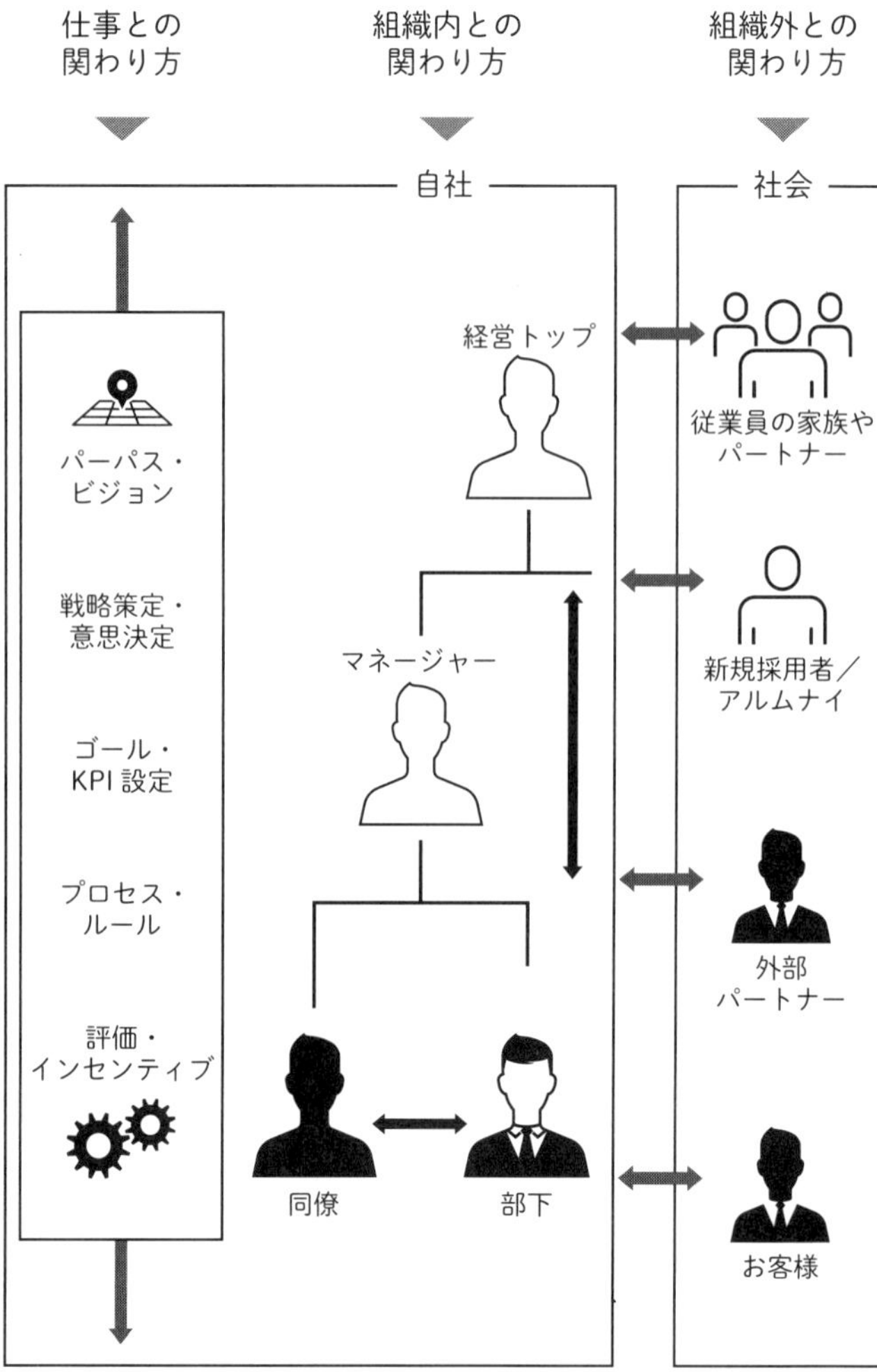

組織内との関わり方

職場内の人間関係は複雑です。部下や同僚、または上司。コミュニケーション手段も多岐にわたります。チームミーティング、全社ミーティング、マイクロソフト・チームズやズームなどのオンラインミーティング、電話、メール、スラック、SNSなど。

特に現代の知識労働者（ナレッジワーカー）は絶えずコミュニケーションを取っています。1日中ひっきりなしにメッセージが届き、デジタルでのやり取りは続きます。平均的なオフィスワーカーは、1日に126通のメールのやり取りがあるため、集中して仕事ができる時間は75分間しかないとも言われます。[5] その中で、メンバー間や組織とのつながりを深め、かつ生産性を高めるにはどうすればいいのか？　選択や行動の傾向は、組織文化の一部として形づくられ展開していきます。

―5　『超没入』（カル・ニューポート、早川書房、2022）

仕事との関わり方

仕事との関わり方とは、組織での仕事のやり方、進め方のこと。戦略策定、意思決定、人事評価などのプロセスや、そこでのメンバーの具体的な行動は組織文化の中核です。

組織外との関わり方

組織の外に対してどんな関係性を持つかも組織文化を醸成する要素です。組織外とは、お客様や外部パートナー、社会などのステークホルダーのこと。新しく入ってくる従業員や、従業員の家族や友人なども含みます。

私はCQワークショップの際にいつも次のように聞きます。

「あなたの組織の社内用語や専門用語、規則や通例を組織外の人に簡潔に説明できますか？」

組織外の人がいるミーティングで、いつもの社内用語を使ってはいないでしょうか。

自分たちの〝普通〟は、誰にでも通じる〝普通〟ではありません。

1 組織文化に良し悪しはない

不正や偽装、隠ぺいなど、企業の不祥事がしばしば報道されます。経営陣が報道陣の前で深々と頭を下げる姿も見慣れたものになっています。

こうした不祥事を防ぐために、各企業はガバナンスの強化を図っています。それでも不祥事は減っていません。第三者委員会調査報告書を開示した上場企業の数は、高い水準で推移しています。[6]

不祥事が起こると組織文化の良し悪しに焦点が当たり、経営陣は「これからは悪い組織文化を改善したい」とコメントします。そして、組織や上司への強い盲信による

―6　「第三者委員会ドットコム」（税理士法人ナナイロ、http://www.daisanshaiinkai.com/）

追従や忖度《そんたく》、内向き志向などがやり玉に挙げられます。

組織や上司に対する追従や忖度・内向き志向は、「忠誠心の高い組織文化」と言い換えることもできます。でも「忠誠心の高い組織文化」は悪い組織文化なのでしょうか？

2023年6月、米連邦最高裁が「人種を考慮した入学選考は違憲」という判断を示したことをきっかけに、米国では、ボーイングやウォルマートなど、DEI（Diversity, Equity and inclusion：多様性・公平性・包括性）活動を縮小する企業も出てきました。そんな中、シスコシステムズは「多様なチームこそが最も生産的で革新的だ」という信念を貫いています。世界各国の「働きがいのある会社」を調査・分析するGreat Place to Work®（GPTW）でトップランキングに選出され、同社で働くことを「誇りに思う」と答える社員は96％に上ります。

低い離職率を誇る一方、若手社員の成長機会をどのように提供するかが課題となっており、昇進以外のキャリア形成の仕組みとして、ジョブ・スワップ（部署間異動）などを導入。最新の決算では通期の売上高予測を引き上げるなど、安定した業績を維持しています。

心ある組織が世の役に立とうと存在意義を明確にし、そこにメンバーがコミットメントしていく。このとき社会への大きな貢献が生まれ、企業のパフォーマンスがアップします。

組織文化やリーダーシップに関する研究で知られるハーバード・ビジネス・スクールのローシュ教授は「『組織文化を変える』を、目標にしてはいけない」[7]と言います。

組織文化に、良い悪いはありません。それが「パーパス、戦略実現を支援しているかどうか」がポイントです。

ほとんどの組織は、組織文化を築き、保ち、強化することに大きな努力を重ねています。よその「優れた」組織文化を真似ることから始める企業も多いのではないでし

7　『「組織文化を変える」を目標にしてはいけない　DIAMONDハーバード・ビジネス・レビュー論文Kindle版』（ジェイ・W・ローシュ、エミリー・マクタグ、ダイヤモンド社、2017）

ょうか。アップル、リッツ・カールトン……。しかし、いかに優れた組織文化を模倣しても、自分たちの組織の業界、状態、パーパスや戦略と合っていなければ、一貫性に欠けます。まがいもので終わってしまうのです。

「顧客志向の文化を目指します」と明文化されているのに、従業員にマニュアル遵守を義務付け、迅速かつ柔軟に顧客対応できるプロセスを導入していないとすれば、それは戦略と組織文化が乖離しています。

パーパス、戦略を実現する。そして、**社員一人ひとりの違いを活かす組織文化が必要です。**

組織文化の多層構造

ここで、スピニング・オニオンというモデルを使って組織文化をひも解いてみましょう。

「回転する玉ねぎ」という名前のとおり、多層になっている球体が回っている様子を

■スピニング・オニオン・モデル

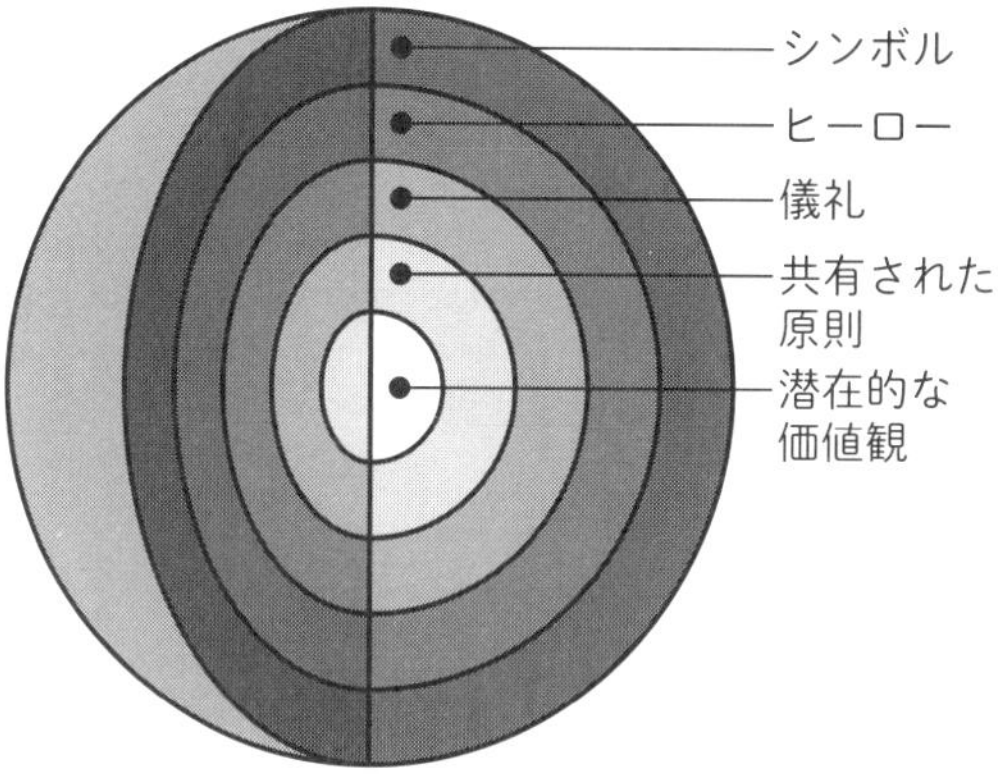

イメージしてみてください。

文化は玉ねぎになぞらえることができます。芯に当たる部分には「潜在的な価値観」があり、表面に向かって「共有された原則」「儀礼」「ヒーロー」「シンボル」といった要素が一層ずつ覆いかぶさっています。

球体が回転すると、中心部よりも表面部のほうが大きく動きます。このことを文化に当てはめ、表側の層のほうが目に見えやすく大きく素早く変化していくことを表すモデルです。

スピニング・オニオンは、組織文化・国民文化の専門家であるフェルナンド・ランサー[8]が開発しました。フェルナンドは私の長年の仲間です。彼は、ホフステード先生が提唱した「玉ねぎモデル」に、組織文化の大家であるエドガー・シャイン博士の組織文化の概念の一部を組み合わせてひとつのモデルとしました。

以下に層の一つひとつを見ていきます。

潜在的な価値観

玉ねぎの芯に当たるのが「潜在的な価値観」（Underlying Values）です。

私たちの「心の奥底」にあるもので、普段は意識しないけれど物事の判断の基となります。

例えば「これ、すごくいいいね！」と思ったり「これだけは絶対イヤ！」と感じたりする、その直感の源泉が潜在的な価値観です。幼少期に無意識のうちに埋め込まれ、その後の人生の中で私たちの行動や考え方に影響を与え続けます。

普段は静かに潜んでいますが、強いストレスを感じたり、嫌悪感を抱いたりしたときに、突然顔を出すので、「あっ。これ、自分にとって大事なことなんだ」と気付く瞬間があります。これが潜在的価値観です。

潜在的価値観は、例えば次のような対立する概念の中で作られます。

悪い ⇕ 良い
汚い ⇕ きれい
危険 ⇕ 安全
禁じられた ⇕ 認められた
非道徳的 ⇕ 道徳的
不自然な ⇕ 自然な
異常な ⇕ 正常な
矛盾している ⇕ 論理的

8　Fernando Lanzer Pereira de Souza　リーダーシップ、組織開発のコンサルタント。ブラジルとオランダの二重国籍を持ち、文化を専門とする。ABNアムロ銀行／バンコ・レアル人事部長、グローバルエグゼクティブ副社長として、リーダーシップと組織開発に従事した後、アムステルダムを拠点にグローバル企業を支援。著書に"Organizational Culture and Climate, Take off Your Glasses"など。

非合理的⇕合理的

これらは、人それぞれに異なる形で現れ、置かれた環境や経験によってその優先順位も変わります。

潜在的な価値観は私たちの心の奥に触れる大切な部分。普段は見えないけれど、そこに触れると自分や他人の行動が「なぜそうなのか」を理解する鍵になります。

共有された原則

組織内で当たり前とされる信念や思考の枠組みを「共有された原則」(Guiding Principles)と呼びます。

いわば組織の行動や意思決定を方向付ける「コンパス」のようなもの。組織のメンバー全体で共有する指針です。「お客様第一」「挑戦を奨励する」「チームで行動する」などはその一例です。

少し分かりにくいかもしれませんので、もう少し具体的に説明していきましょう。共有された原則には、明文化された組織のパーパス（存在意義）、ミッション（使命）、ビジョン（将来の方向性）、バリュー（価値基準）が含まれます。

本書の事例にも採り上げる化学メーカー、レゾナックでは「化学の力で社会を変える」というパーパスを掲げ、世界トップクラスの機能性化学メーカーを目指していきます。その実現のために、技術革新や多くのステークホルダーとの共創を重視します。

これらは組織のWhyやWhatに当たる部分であり、「儀礼」や「ヒーロー」などはHowに影響します。

例えば同社ではモヤモヤ会議と名付けられた、従業員の困りごとの解決手段などを参加者が話し合う場があります。そこでは誰でもオープンに意見を言うことが推奨されます。これは共有された原則が、儀礼に影響を与えるという例です。「儀礼」ついて詳しくは次に説明しますが、まずはスピニング・オニオンの中心部にあるものがさらに表層のものに影響するというイメージを持っていただきたいと思います。

儀礼

「儀礼」（Rituals）とは、その集団で行われる象徴的な行動や習慣です。行動指針と言い換えてもいいでしょう。日々の行動に組み込まれることで、その文化を体現します。行動や習慣なので目で見ることもできます。

例えば、危険予知活動の一環として広く使われる「指差呼称《しさこしょう》」。航空業や運輸業、建設業など、高い安全性が求められる業界では、その対象を指差しながら「〇〇、ヨシ！」と声に出して確認することでミスを防いでいます。一方で、戦略コンサルティングファームのような業界では、このような行動はあまり見られません。

組織単位にも儀礼はあります。

丸井グループの「手挙げ」もその例でしょう。同社の言う手挙げとは「参加意思を持った社員が、自ら機会に応募・申請すること」を意味します。これによって従業員は中期経営推進会議にも参加できますし、昇進や部署異動などの意志も示します。

これは同社が社員の自主性を大事にしているからであり、その共有された原則が「手挙げ」という儀礼に表現されています。

儀礼は、組織や業界ごとに異なります。他の組織や業界から見たら、あまり意味のなさそうなものもあるかもしれません。

ヒーロー

「ヒーロー」(Heroes)は、ロールモデルとも言い換えられます。組織内で尊敬され、行動のモデルとなる人物やキャラクターがこれに当たります。

実在する人物の場合もあれば、すでに亡くなった偉人や、映画やアニメなどのフィクションのキャラクターであることもあります。

その組織の創業者や、組織内で求められる理想のリーダー。「こういう人になりたい」と尊敬され、思い描かれる理想的な人物像がヒーローです。「この組織ではこんな人が出世する」とイメージされる人物像でもあります。

フィンランドで２０１０年に創業したモバイルゲームの開発企業、スーパーセル。創業間もない２０１２年にリリースした「クラッシュ・オブ・クラン」などの世界的ヒット作品を手掛けています。

同社はチーム内の誰もが自由に意見し、新しいアイデアを試すことができる組織文化で知られます。「失敗は学び」と受け止められ、プロジェクトの失敗はシャンパンで祝うほど。失敗から学んだ人が、ヒーローとして祝福されます。

シンボル

スピニング・オニオンの一番外側、つまり表層に当たるものがシンボル（Symbols）です。

オフィスのデザイン、ドレスコード、組織図。コカ・コーラの赤いロゴや、ナイキの「JUST DO IT.」というスローガンなど。またときに、パーパスやミッション、ビジョン、バリューが、行動にひもづかない単なるシンボルに留まっている場合もあり、それはそれで頭が痛い問題となるでしょう。

事例にも採り上げる三谷産業では、同社がベトナムに置くグループ会社が2024年に30周年を迎えるにあたり、企業理念や行動指針を作成するプロジェクトについて議論しました。選抜されたベトナムの従業員26名は、最初こそモチベーションが低かったものの、議論や交流を促す仕組みを作るなどしたことで、だんだんと自主的に取り組むようになりました。結果、彼らは東京オリンピックのピクトグラムに着想を得て、社員全員が理解しやすい行動指針のピクトグラムを作成しました。この成果は本社でも感動を呼び、従業員たちの取り組みは高く評価されました。

スピニング・オニオンに当てはめると、この事例では行動指針という儀礼が、ピクトグラムというシンボルに落とし込まれ、さらにこれを作り上げた従業員たちがヒーローになっていることが分かります。

日常的な慣行

スピニング・オニオンの、共有された原則、儀礼、ヒーロー、シンボルは「慣行(Practices：ふるまい)」を生みます。これが組織文化に当たるもので、「私たちのやり方」と言い換えることもできるでしょう。

仕事の進め方、会議の手順、コミュニケーションの取り方、育成や評価の方法、さらには仲間意識の醸成、学習する組織かどうか。公式か非公式かは関係ありません。いずれも日常的な慣行です。

こうした**慣行が組織文化を作っていくための実用的なフレーム**として役立ってきました。

共有された原則としてのミッション、ビジョン、バリューは組織の行動や意思決定を方向付けます。

儀礼としての行動指針は、組織特有の文化を体現するものです。

ヒーローやシンボルも、組織の理想像や特徴を表現します。

30年間にわたる組織文化の研究結果を元にした論文[9]では、ヒーローやシンボルについて語られるストーリーが組織の価値観や目標を伝える役割を果たすとしています。ここで言うストーリーとは、組織内で共有される物語のことです。また、組織内で行われる儀礼や日常的な慣行は、組織文化を具現化し、かつ組織文化を維持するとされています。コロンビア大学のマイケル・モリス教授は、「人間の部族的本能が、組織内での協力や知識共有を促進する」[10]と述べます。

9　Simona Giorgi. Christi Lockwood, Mary Ann Glynn, The Many Faces of Culture: Making Sense of 30 Years of Research on Culture in Organization Studies, 2015

10　Michael Morris, "Tribal, Tribal: How the Cultural Instincts That Divide Us Can Help Bring Us Together", Swift, 2024

■組織文化の構築に終わりはない。組織の全ての人が責任を持って取り組む

■組織内・仕事・組織外との関わり方に組織文化が現れる

■組織文化はパーパス、戦略に整合していなければ一貫性に欠ける

■スピニング・オニオンのモデルから文化の「潜在的な価値観」「共有された原則」「儀礼」「ヒーロー」「シンボル」を理解する

column

ケーススタディから見るスピニング・オニオン

スピニング・オニオンでの各層のつながりは、ひとつの出来事からもひも解くことができます。ここでは2024年1月2日に起きた羽田空港航空機衝突事故について、JALの客室乗務員のケースで考えてみましょう。

共有された原則

「安全のプロフェッショナル」であることはJALにとって譲れない共有された原則、つまり明文化された価値観です。1985年のJAL123便墜落事故を風化させないために、同社は安全啓発センターを開設。社員一人ひとりに、命を預かる重みや責任を伝えています。

儀礼

２０２４年1月2日の衝突事故で乗務員は困難に陥りました。インターフォンが故障し、機長の指示が届かなかったからです。情報が極めて少ない中で、客室乗務員は目視によって炎を確認。非常口は8カ所ありましたが、状況確認の上で5カ所は使えませんでした。客室乗務員一人ひとりが迅速に判断し、冷静に乗客を誘導しました。

客室乗務員は日々、さまざまなシナリオを想定し、訓練と熟練度の確認を徹底しています。この積み重ねが、安全意識の浸透と、事故時の「教科書通り」の行動を可能にしました。

わずか11分で機体に乗っていた３７９名全員が脱出という奇跡的な結果は、「安全のプロフェッショナル」という共有された原則が、日々の訓練に活かされていたことによって生まれたのです。

シンボル

欧米の航空会社では、搭乗客から無視されがちな機内安全ビデオを視聴してもらうために、コメディタッチの派手な映像を使う会社が増えてきました。

けれどもＪＡＬのビデオはストレートで真面目なトーンを採用しています。脱出時に荷物を持ち出すことの危険性を強調したり、乗務員の指示に従うことの重要性を伝えています。また滑り台となる脱出スライドについても「両腕を伸ばして前傾を意識し、必ず着地点を見て滑ります」と具体的に示しています。

第2章

不安定な現代への対処

Alone we can do so little;
together we can do so much.

一人ではできることは限られる。
しかし、共に力を合わせれば、計り知れないことができる。

ヘレン・ケラー

不安定さが加速した現代

不安定さと複雑さを表すキーワードのひとつがVUCAでした。

1987年軍事用語として生まれたVUCA[11]は、変動性（Volatility）、不確実性（Uncertainty）、複雑性（Complexity）、曖昧性（Ambiguity）の頭文字をとったもの。「何が起こるか分からない」「いろんなことが絡まり合っている」「あいまいで先が読めない」。そんな世界を表します。VUCAはビジネス・キーワードとしても広まり、私たちの考え方やリーダーシップに変革を促してきました。

ところが昨今は、VUCAだけでは説明しきれない、**複雑な現実が次々と現れています**。これを説明するため新たに使われ始めた言葉がBANI[12]です。BANIは、脆弱性（Brittle）、不安（Anxious）、非線形性（Nonlinear）、不可解（Incomprehensible）の4つから構成されます。

脆弱性

直訳すれば、もろくて弱いという意味ですが、ここでは、表面上は安定しているように見えるシステムでも、実はもろくて突然崩れることを指しています。コロナ禍によるサプライチェーンの混乱がその例です。小さな部品の供給不足が、世界規模で生産停止や大幅な遅滞を引き起こしました。

不安

将来像が見えにくいと不安を感じます。個人も組織も同じです。急速な技術革新による既存ビジネスモデルの陳腐化を恐れたり、ＡＩの発展によって仕事が無くなってしまうのではないかという雇用への心配もあるでしょう。

11　米国陸軍遺産教育センター（U.S. Army Heritage and Education Center）https://usawc.libanswers.com/faq/84869

12　https://medium.com/@cascio/facing-the-age-of-chaos-b00687b1f51d

非線形性

これまでの「原因→結果」という直線的（線形的）な因果関係が成り立たず、小さな要因が大きな変化を引き起こしたり、予測不能な連鎖反応が生じたりする状態を意味します。

ＳＮＳでの炎上は予測不可能です。本人にとっては些細な発言や行動が、意図と異なる解釈をされるなどして炎上します。過去の言動、社会的な背景、他のユーザーの反応など、さまざまな要因が複雑に絡み合っている場合もあり、炎上の理由を特定するのは簡単ではありません。

不可解

情報が多すぎて全体像がつかめない状態、データや出来事の関連性が複雑で、ひとつの理論やフレームワークで説明できない状況を表します。

現代の社会では、ＳＮＳやメディアを通じて膨大な情報が絶えず流れており、何が正しく重要なのかを判断することが難しくなっています。さらに、フェイクニュースや誤情報が拡散することで、事実の把握が一層困難になる状況が生まれています。

また、AIの進化や新技術の登場によって、業界のルールが一瞬で変わることも珍しくありません。従来の経験や過去のデータに基づいて将来を予測することが難しくなり、確実な戦略を立てることがより困難になっています。

加えて、文化や価値観の多様化が進む中で、ひとつの正解が存在しない社会となっています。異なる価値観や背景を持つ人々が共存する時代において、これまで通用していた「常識」がもはや当たり前ではなくなり、**異なる考え方を受け入れる柔軟性が求められています。**

BANI時代に対処するための4つの力

これらBANIの一つひとつの要素については、次に挙げる4つの力をバランス良く育む必要があります。

回復力（Resilience）……困難な状況や予期せぬ変化に直面した際に、柔軟に適応し、立ち直る力

共感力（Empathy）……他者の視点や状況、ロジックを右脳と左脳の両方で理解し、共感する力

即興力（Improvisation）……予測不可能な状況において、臨機応変に対応する力

多様な視点（Multiple Perspectives）……物事を多角的に捉え、さまざまな視点から考える力

これらは機械やＡＩがいくら進化しても持つことのできない、人間らしさに根ざした力です。

柔軟に対応し、不安に寄り添い、共感し、適応する。多様な視点、メタ視点を活かして、新しい方法を見つけて共創する。

一人ひとりの持つ人間らしさが、ＢＡＮＩを乗り越えるための最大の武器になります。

■ BANIへの対処

脆弱性（Brittle）　対処のための力　回復力（Resilience）

・変化は避けられないのだと考え、抵抗するのではなく、受け入れる
・困難な状況でも、前向きな視点を持つように心がける
・ストレスの効果的な解消方法を身に付け、心身の健康を維持する
・新しい知識やスキルを積極的に学び、変化に対応できる能力を高める
・異なる分野の人々とつながり、多様な視点や情報を手に入れる

不安（Anxious）　対処のための力　共感力（Empathy）

・相手の話に耳を傾け、相手のシステムやロジックを、相手の視点で理解しようと努める
・相手に常に同意する必要はない。自分の考えや気持ちも明確に伝え相手との相互理解を深める
・異なる文化や価値観を持つ人々を尊重し、多様性を受け入れる
・周囲の人々と協力し、共に課題を解決し、共創する

非線形性（Nonlinear）　対処のための力　即興力（Improvisation）

・状況を素早く把握し、適切な判断を下す
・既存の枠にとらわれず、創造的な解決策を生み出す
・状況の変化に応じて、柔軟に考え方や行動を変化させる
・不確実な状況でも、迅速に決断する

不可解（Incomprehensible）　対処のための力　多様な視点（Multiple Perspectives）

・多様な情報源から情報を収集し、偏った見方を避ける
・情報を鵜呑みにせず、建設的批判の観点から吟味する
・感情や偏見に左右されず、客観的に物事を判断する
・全体像を把握し、物事をメタ視点（俯瞰的な広い視野）で捉える

不可欠となる自律、共感と共創

BANI時代において特に重要となるのは「自律（Automony）」と「共創（Co-creative）」であると考えます。

不安定さと不可解さへの対処には、「指示待ち」ではなく、自己判断で行動できる自律する力が組織の全員に求められます。非線形で複雑な課題に対応するためには、多様な視点やスキルを持つ人々が相互理解し合う共感が欠かせません。さらに一人の努力だけでは達成できない革新や解決策の共創が必要となります。

共創をあえて言い換えれば、**多様な人々が持ち寄った知恵である衆知から、新しい価値を〝共〟に〝創〟造する**プロセスです。

過去の企業活動や社会の課題解決では、知識（ノウハウ・マニュアルなど）を明示化し、共有する「衆知」によって対応できるケースが多かったかもしれません。

しかしＢＡＮＩの時代には、衆知だけでは解決できない複雑な課題が増えており、これまで以上に暗黙知（経験や感覚、直感的なノウハウなど、言語化しにくい知識）が重要になってきます。組織内の潜在的な力を引き出す必要性が増し、もっと深いところで個人を活かすことが求められてきます。

第1章で紹介したスピニング・オニオンの、まさに深い位置にある「潜在的な価値観」がそれです。組織にとって潜在的な価値観とは、個人の違いの集まりです。**共創を実現するには、潜在的な価値観に触れる必要があります。**

このプロセスでは摩擦も生まれます。集まっている一人ひとりに違いがあるからです。違いは課題に感じられるかもしれませんが、大きな力を秘めたリソースであり、新たな可能性の芽です。

違いを理解し、違いを活かすことは、これからの組織の文化を考える上での重要なテーマになります。「自分たちの組織文化に合う人材を採用し（カルチャーフィット）、組織のロールモデルとなるリーダーを育て、パフォーマンスを実現する」という考え方を超える必要が出てきているのではないでしょうか。

人間は本能的にグループを作ります。

その本能が、グループの団結力を高め、社会的・文化的な偉業の原動力として機能します。集団を作る本能そのものはネガティブでもポジティブでもありません。ただ、自分の外集団との「分断」や、グループの文化に従わない人への「排他的な態度」が生まれれば、集団の文化はネガティブな要素となります。

逆に、「社会にポジティブな変化をもたらす」という共通のパーパスによって、その集団にいる人に、帰属意識と目的意識を与えることもできます。

集団の文化が破壊的な力となるか、建設的な力となるかは、その集団が持つパーパスに大きく依存します。

社会的な動物として、集団を作ろうとする人間の本能を効果的に活用すれば、一人ひとりの違いを、組織や社会の創造性と革新性を強化する組織文化にできます。

組織文化は現在進行形で意図的に育てて、進化させるものです。

「以前はこんな感じだったよね」と振り返るのではなく、「**今、そして将来、どんな**

組織文化が必要か」に集中しましょう。

そして、組織文化の進化を助けるのが、ＣＱです。ＣＱは、共通のパーパスに向けて、組織の内外の多様な違いに橋を架け共創する力となります。次章では、組織と個人の関係を、パーパスという視点から考えてみましょう。

- ■現代はＶＵＣＡよりも不安定さが増したＢＡＮＩの時代に入っている
- ■ＢＡＮＩの時代には、人間らしさに根ざした「回復力」「共感力」「即興力」「多様な視点」が必要となる
- ■組織にとっては自律、共感と共創がキーワード。これらを生み出す組織文化を意図的に育む必要がある

column

文化とは何か？

そもそも文化とはいったい何なのでしょうか。

人間の感じ方や考え方、行動に影響を与えるプログラミングは3つあり、文化はそのひとつです。

人間は遺伝子レベルでは99・9%同じで、基本配列がほぼ同一の遺伝子を共有

■ 文化とは何か

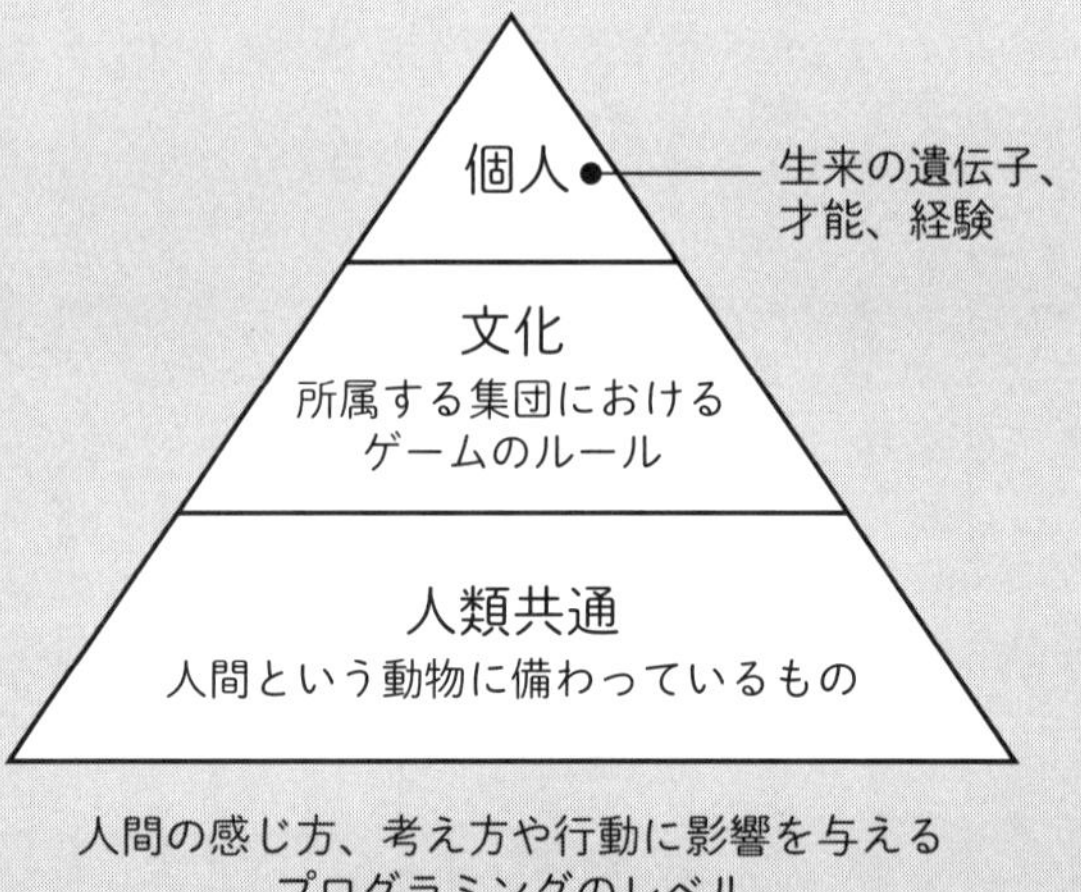

人間の感じ方、考え方や行動に影響を与えるプログラミングのレベル

Gert Hofstede, Culture and Organizations, McGraw Hill; 3rd edition (May 3, 2010) をベースに宮森作成

していると言われています。[13]この同じ部分が、プログラミングの1つ目。「感情を持つ」「うわさ話をして絆を作る」などの「人間」に共通する普遍的なプログラミングです。

生物学的にはほぼ同じ。なのに、なぜ私たちはこんなに異なるのでしょうか？ひとつは「個人」のプログラミングです。外見、体質だけでなく、脳の構造や神経伝達物質の分泌量、感覚受容体の働き方などに影響を与え、行動や特性の違いにつながります。これが間接的に、感情の強さや性格特性に結びつくのです。

個人が先天的に持っている固有の特性と、後天的に得た特性が、プログラミングの2つ目である「個人」です。

遺伝子以外の影響もあります。生物学的にはほとんど同じなのに、なぜいとも簡単に「自分たち」(内集団)と「あの人たち」(外集団)に分類してしまうのでしょうか。これが3つ目のプログラミングである「文化」の影響です。

ホフステード先生によると、文化は集合的に人間の心に組み込まれたプログラミングで、そのプログラムは集団によって異なっています。[14]

人間の性格や感情は、遺伝と環境の複雑な相互作用の産物です。

これは、人間の多様性や個別性を考える上で重要な視点になります。人間に普遍的な遺伝子のプログラミングや、個人のプログラミングだけを見ていては、分からないことが多いのです。

人間は太古の昔から現在に至るまで、集団の中で生きる社会的な動物です。

私たちの多くは、家族という集団の、限られた視点の中で人生をスタートします。成長して学校、友人、会社など、複数の集団に属し、より広い世界に触れ、異なる視点や価値観に出会います。それぞれの集団に受け入れられるために学ぶ、目に見えないルール。これが「文化」と呼ばれるものです。私たちは文化の影響を受け入れ、自分のものとしていきます。

私たちは、国や地域、家族、性別、年齢、職業。さまざまな集団に属しており、それぞれの文化の影響を受けています。そのうちの組織は、私たちが属する影響力の大きな集団のひとつです。

13 Sonia Shah, The Next Great Migration (New York: Bloomsbury Publishing, 2020), 88–89..

14 『多文化世界〔原書第3版〕』(G. ホフステード・G. J. ホフステード・M. ミンコフ著、岩井八郎・岩井紀子訳、有斐閣、2013）P4、下段

第3章

組織と個人の関係性

The individual exists for the whole,
and the whole exists for the individual.

個人は全体のためにあり、全体は個人のためにある。

キケロ

組織に〝自己〟を用いる

組織・リーダーシップ開発で世界的に知られるウォーナー・バーク博士は「道具としての自己（Self as Instrument）」[15]という考え方を提唱しました。

これは他者や組織と関わる中で、自分自身の感情や価値観、経験などを「道具」として捉えて、意識的に、かつ積極的に活用することを意味します。他者や組織に影響を与え、また同時に自分自身も影響を受けて変化していきます。

自己の使い方や影響力は、状況や目的によって変わります。

ＢＡＮＩの時代は、組織にいるメンバーの一人ひとりが、自分らしくいられて、その組織に帰属してどのような役割で貢献できるかを自ら考え、フレキシブルに行動していくことが求められます。

もう少し具体的にひも解くと、メンバーの一人ひとりに「自己認識（Self-awareness）」

「自己管理（Self-management）」「意図的な行動（Intentionality）」「他者への共感（Empathy）」が必要ということになります。いずれの要素もCQを高めることで身に付くものです。

まずは前提として自己を知っておく必要があります。自分の価値観、感情、信念、行動スタイルへの深い理解。さらに他者との関わりや自分の行動が与える影響の客観的な把握。これらが自己認識です。

実際に自己を用いるためには自己管理も大事です。感情や反応をコントロールしながら、状況に応じて適切な行動を取る。自分のエネルギーやリソースの効率的な活用も求められてきます。

自分の言動が他者や組織にどのような影響を与えるのかを考慮する。その上で自分の言動を設計して意図的に行動することが求められます。

さらに他者や組織と関わる中では共感が欠かせません。他者の立場や感情を理解し、

15　「組織開発（ＯＤ）の分野において、バーク博士の示す、自己（＝自分自身）を有効なツール、つまり「道具」として活用することの重要性（Burkeのinstrumentality概念）が論じられている。バーク博士の概念をベースにしたMee-Yan Cheung-Judge博士のThe Self as an Instrument—A Cornerstone for the Future of ODもよく知られている。

適切な対応によって、信頼関係を築きます。また他者のニーズや目標を支援するために、自分の行動を変化させます。

組織はこのように一人ひとりが自己という道具を用いることができる、**一人ひとりの〝らしさ〟を活かせる組織文化を作っていかなければなりません。**

現代に問われるパーパス経営

ここからは組織と個人の関係をパーパス（Purpose）という文脈からひも解いてみます。

ビジネスでいうパーパスとは、組織の存在意義を意味します。

「この組織は何のために存在しているか？」という、組織の「Why?」の部分がパーパスです。

例えばネスレは「食の持つ力で、現在そしてこれからの世代のすべての人々の生活の質を高めていきます」、ソニーは「クリエイティビティとテクノロジーの力で、世界を感動で満たす。」など。各社さまざまです。[16]

BANIの時代、組織を取り巻く外部環境は日々大きく変化しています。その中で、**自社の存在価値や社会的意義を探求する「パーパス経営」が問われています。**

パーパス経営とは、パーパスを起点として事業・組織にイノベーションを生み出す経営を指します。

先にも挙げたように、ときにパーパスが単なるシンボルに留まっている場合があり

16　McKinseyの調査によると、従業員が自分の目的と組織の目的が一致していると感じると、「忠誠心が高まり、会社を他者に推薦する意欲も高まる」というメリットがあります。また、目的の共有は従業員同士の結束を強め、それが協働環境における生産性を50％向上させることが示されています。
Naina Dhingra et al., "Help Your Employees Find Purpose—or Watch Them Leave," McKinsey & Company, April 5, 2021, www.mckinsey.com/capabilities/people-and-organizational-performance/our-insights/help-your-employees-find-purpose-or-watch-them-leave.
Priyanka B. Carr and Gregory M. Walton, "Cues of Working Together Fuel Intrinsic Motivation," Journal of Experimental Social Psychology 53 (2014): 169–184, https://doi.org/10.1016/j.jesp.2014.03.015.

ます。

明文化したはいいけれど、額縁に入れられて掲げられているだけ。ちまたで「額縁パーパス」と揶揄されるものです。

パーパスは、スピニング・オニオンでは「共有された原則」です。繰り返しになりますが、「儀礼」や「ヒーロー」「シンボル」は、共有された原則の影響を受けるはずのもの。パーパスがそれらにひも付いていなければ、パーパス経営と言えないのは明白でしょう。

パーパスを作ったり、変えたりしてみたものの、「戦略が変わらない」「それまでの当たり前の日常が繰り返される」というのも、意外とよく聞く話です。

パーパス経営の3つのステップ

パーパス経営は3つのステップで進んでいきます。「発見」「共鳴」「実装」です。

■ パーパス経営の3つのステップ

発見
- 「なぜ自社が存在するのか？」という根源的存在意義を見出す
- 自社の強みや独自性が活かされた未来像を描き、そこに宿る社会的価値を明らかにする

共鳴
- 社内外でパーパスの世界観を体験できる機会を創出する
- 個人のパーパス探求を支援しながら組織のパーパスへの共鳴を促す

実装
- 組織・経営のあらゆる領域にパーパスを組み込み、イノベーティブな変革をデザインし、実行する
- 個人と組織の固定化されたマインドセットを転換し、パーパス実現に向けた行動変容を促す

それぞれ説明していきましょう。

ステップ1　発見

1つ目のステップは「発見」です。

私がCCO（チーフ・カルチャー・オフィサー）を務めるアイディール・リーダーズでは、**パーパスは策定するものではなく、発見するもの**だと考えています。

組織が歩んできた歴史や積み重ねてきた強みを振り返り、その根底にある想いを丁寧に掘り下げることで、「自社らしさ」が最大限に発揮された未来の姿を描きます。そして、そんな未来を実現す

■組織と個人のパーパスの重なり合い

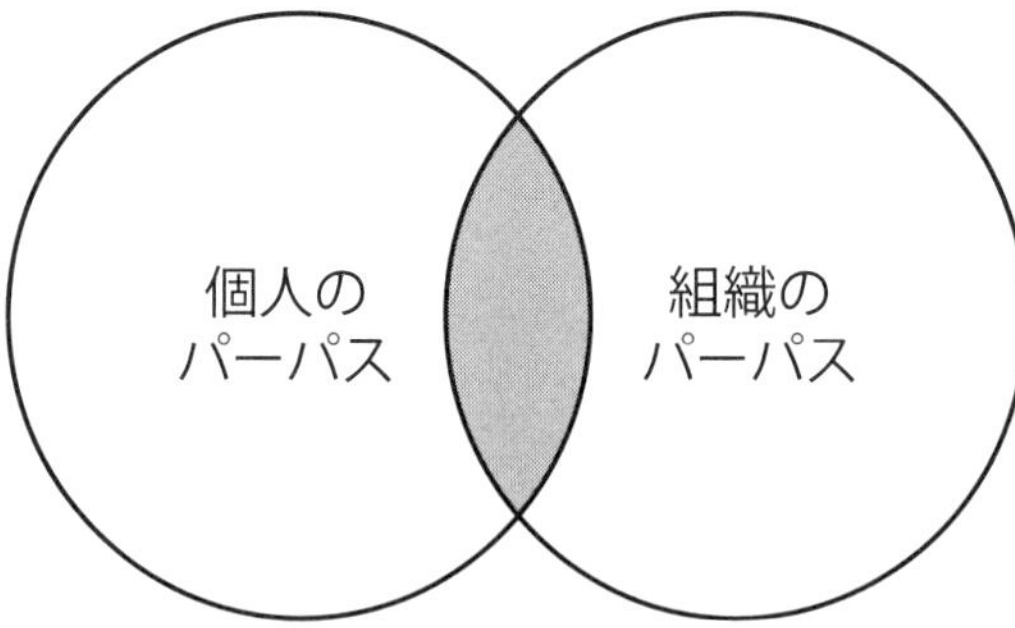

る中で、自分たちは社会に対してどんな存在でありたいのか——その根源的な存在意義を見出していくステップです。

このステップでは、経営トップが密室で作るものではありません。社史をひも解き、次世代リーダーが中心となってプロジェクトを進め、社員アンケートや投資家・顧客インタビューなど、多様な視点を取り入れながら、組織に眠る信念を再発見していく対話の場づくりが重要になります。

ステップ2 共鳴

重要なのは、**組織のパーパスにメンバーが共鳴する**ことです。今日、従業員の価値観と仕事を一致させることは、極めて重要となっています。ある調査によると、Z世代の半数とミレニアル世代の43%が、自身の倫理観や信念に基づいて業務やプロジェクトを断った経験があり、同じ理由で内定を辞退した人も同程度いるとのことです。経営層や上級管理職の85%が「自分の目的を仕事で実現できている」と感じているのに対し、現場の管理職や従業員ではわずか15%しかそう感じていないことも明らかになりました。このギャップは非常に大きく、組織内の階層ごとに目的意識の断絶が生じていることを示しています[17]。

人は、頭で納得し理解するだけでは動けません。心が揺さぶられて初めて、自ら行動しようとします。その「心が動く」ためには、自身の価値観を大切にし、「何のために自分は存在しているのか」という個人のパーパスが明確になっていることが欠かせません。

個人のパーパスを見つけることで、初めて組織のパーパスと個人のパーパスに重な

17　"The Deloitte Global 2024 Gen Z and Millennial Survey," Deloitte, 2024, www.deloitte.com/global/en/issues/work/content/genz-millennialsurvey.html.

りやつながりを感じられるようになります。

「自分がやりたいことは、この組織で実現できる」「私が大切にしていることが、この組織でも大切にできる」と感じられることで、組織のパーパスが「自分事」になり、共鳴が生まれます。社員一人ひとりと、組織のパーパスが重なり合い、共鳴する人ほどウェルビーイング度合いが高く、パフォーマンスが高いことも分かりました。

ステップ3 実装

実装とは、リーダーやメンバーが、**パーパスに基づいて日々の仕事を行なっている状態**です。全ての業務プロセスや機能がパーパスに基づいてなされることを意味します。

経営陣から言われてパーパスについて考える段階から、自主的にパーパスを基に行動している段階。ここまでくると「額縁」というお飾りで静的なものから、日常的な行動レベルという動的なものになってきます。

パーパス経営は、経営にパーパスを実装してこそ意義があります。実装まで進んでようやく、パーパスを起点としたイノベーティブで一貫した戦略立案や意思決定、社内外向け施策の実行につながります。

こうしたステップにおいて、組織文化の視点は必要不可欠。**組織文化は、パーパス経営のドライバー**となります。発見、共鳴、実装について詳しく知りたい方は『パーパス・ドリブンな組織のつくり方　発見・共鳴・実装で会社を変える』をお読みください。

組織と個人のパーパスの重なり

組織のパーパスと個人のパーパスについて、もう少し理解を深めてみます。

パーパスは、多様な人材をまとめる求心力になります。

■ 組織のパーパスは求心力になる

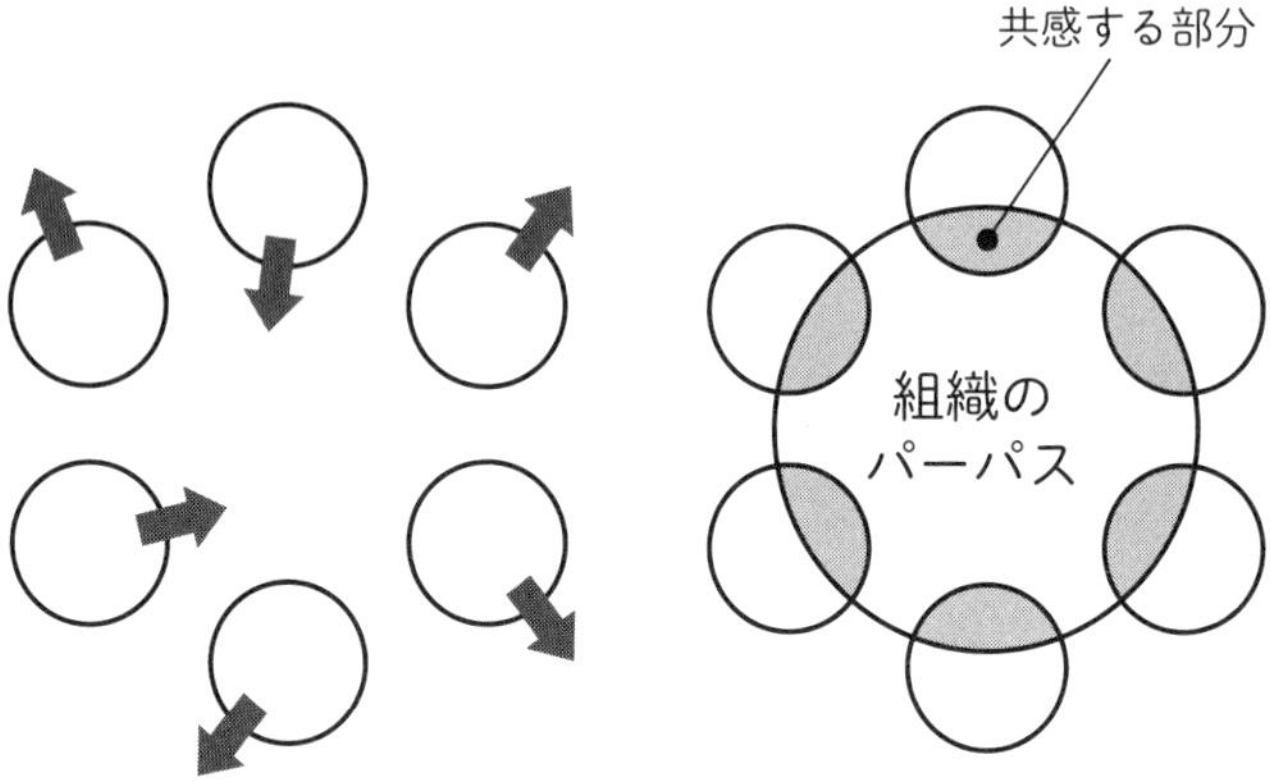

■ 組織のパーパスとの重なりは個別に異なる

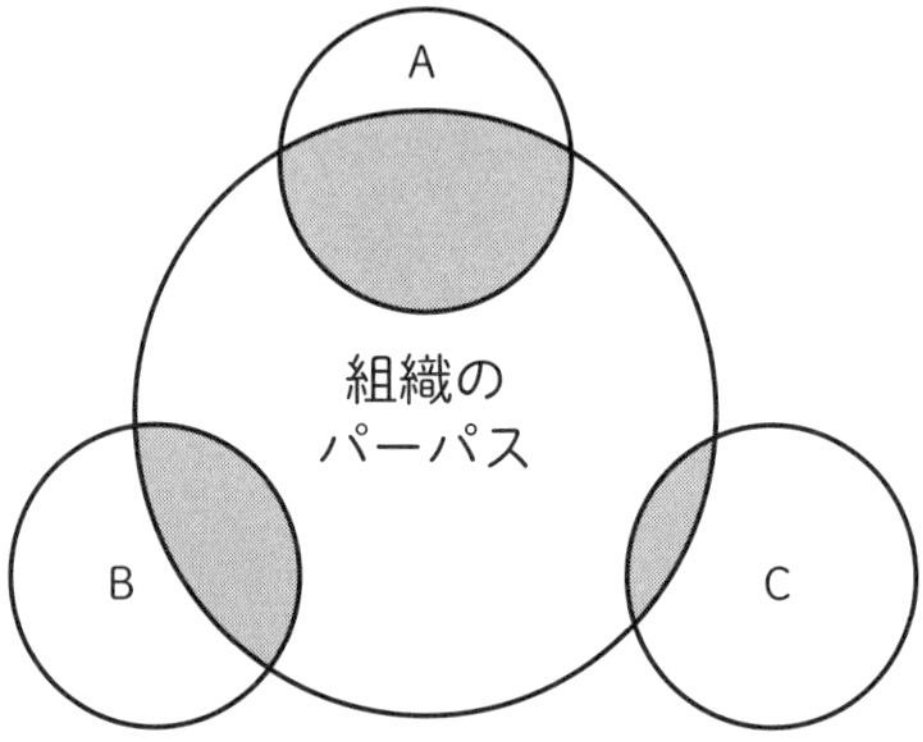

てんでバラバラに動くメンバーでも、組織のパーパスと個人のパーパスとの重なりによって、共通項が生まれもします。

ただしその重なり方には、よくよく見れば違いがあります。メンバーの一人ひとりにそれぞれの想いがあり、個人のパーパスは異なるからです。

図は組織のパーパスと、A、B、Cという3人の個人のパーパスの関係性です。それぞれ重なっている面積が違います。Aさんは個人と組織のパーパスがほとんど重なり合っています。Cさんの重なりはほとんどなく、Bさんは中程度です。個人の関心やライフステージや仕事内容によって、重なりの大きさは変動します。

重なりが大きいから「良い」「幸せだ」ということではありません。

重なっていない部分に目を向ける

重なりの大きさと個人の幸せは関係ないにしても、組織側から見たらどうでしょうか。

「重なりが小さいとは困ったものだ」

などとよくないものと見なしていないでしょうか。

重なっていない部分には、もしかしたらイノベーションや共創の種が潜んでいる可能性があります。

重なりにだけ目が向いていると、それに気付きません。

例えば、個人のパーパスのうち組織のパーパスと重なっていない部分をメンバーが「私の組織では実現できないこと」と、はなから諦めているケースもあります。けれども、その部分を組織に持ち込むことで共創につながるかもしれません。

丸井グループはVISION BOOKの中で『個を尊重し、つながりを大切にする選択肢を提供していく』ことを取り組む事業テーマの一つに掲げています。個として重なっていない部分も大切にする姿勢でしょう。

本章を読み、こんな不安や苛立ちを抱く方もいるはずです。

「そうは言っても、メンバーが多種多様すぎる。重なっていない部分は、ますます多様化している」

組織における多様性について、どう考えていくか。

次章では多様な価値観をどう受け入れ、どう活かすか。その鍵を探っていきます。

- ■組織と個人の関係性から、個人には「自己認識」「自己管理」「意図的な行動」「他者への共感」が求められ、いずれもCQの向上により身に付く
- ■組織には存在価値や社会的意義を探求する「パーパス経営」が問われる
- ■組織と個人のパーパスの重なっている部分だけでなく、重なっていない部分にも目を向ける

column

共鳴の先へと歩むこと

富山県にあるジャパンメディック株式会社は、薬局やドラッグストアなどで販売される医薬品の製造企業です。1950年に創業し、「健康・夢提案企業」として成長を続けることを使命に掲げます。

近年の業績は右肩上がり。しかし一方では「社員の活気が低迷している」という課題感もありました。

そこで前田和也社長は、2030年に向けた新しいビジョンを策定することを決めます。

その過程で重視していたのは「みんなで」やるということでした。

幅広い立場や社歴の社員を集め、検討する。これはそう簡単ではありません。

けれども、あえてこのようなやり方を選んだのは、社員の「腹落ち感のようなものを期待して」と前田社長。自分たちでやることを、自分たちで決めていくことで、主体性やエンゲージメントに前向きな影響を与えたいと考えました。

こうしてできたビジョンが「くすりだけを、つくらない。」。

この言葉には「専門のくすり以外にもチャレンジしていく」という宣言と、「健康の実現を通して人々の夢ある人生に貢献したい」という想いが込められています。

自分たちの存在意義は、薬を作ることには限らない。

そこで始めたのが、D to C（Direct to Consumer）。B to Bが中心だった同社では「本当につくりたいものがつくれない」という思いもあった中で、生活者に向けた新ブランド『Home Medic（ホームメディック）』を立ち上げ。「予防」と「薬や生活習慣に関する知識の啓蒙」を目的に、具体的なビジネスへとつなげています。

社員が共鳴し、そこから新たなビジネスを生む。共鳴の先へと歩み出した一例です。

第4章

多様性のつまずき

We are all born with a role to play.

我々は皆、自分の役割を持ってこの世に生まれた。

モンテーニュ

多様性を資産に

多様性を「資産」として活かそうとする企業が増えています。価値観や背景が異なる人々の、**それぞれの視点や経験がアイデアやイノベーションの創出につながる**からです。

経済産業省は、ダイバーシティ経営を「多様な人材がその能力を最大限に発揮し、イノベーションを生み出して価値創造につなげる経営」と定義[18]。中期経営計画に多様性を組み込む企業が増えています。

「多様な人材」には、性別や年齢、国籍だけでなく、キャリアや働き方など幅広い違いが含まれます。それぞれが持つ特性を活かす環境を整えれば、生産性向上や競争力強化といった大きな成果が期待できます。

日本を代表する経営学者の野中郁次郎先生は、経営課題を「あれかこれか」の二項対立ではなく、「あれもこれも」の二項動態を実践していく「二項動態経営[19]」というコンセプトを提唱しました。「お互いに差異があっても、その差異をプロセスの中で認め合いながら一緒に前進しよう」という考え方です。

また近年、注目される経営理論に「両利きの経営」があります。

「両利きの経営」は、既存事業の効率性（エクスプロイト）と新規事業の革新性（エクスプロア）を同時に追求する経営手法を意味します。この概念は、マイケル・タッシュマン（Michael Tushman）とチャールズ・オレイリー（Charles A. O'Reilly III）によって提唱されました。彼らの研究は、組織が環境の変化に柔軟に対応しながら、現状の業績を維持・向上させるための戦略として、多くの実務家や研究者に影響を与えています。

両利きの経営は、既存の強みを活かしながら同時に新しいチャンスを探求する組織能力を意味します。多様性はこの両面のバランスを取る上で非常に重要な役割を果たします。異なる背景や視点を持つメンバーが集まることで、新しいアイデアが生まれやすくなり、探索（エクスプロア）の側面、創造性・革新性の向上が強化されます。

18　「ダイバーシティ経営の推進」（経済産業省、https://www.meti.go.jp/policy/economy/jinzai/diversity/、２０２４年12月28日アクセス）

19　『二項動態経営』（野中郁次郎、野間幹晴、川田弓子、日本経済新聞出版、２０２４）

多様な意見が出ることで、リスクや機会をより幅広く検討でき、現状維持（エクスプロイト）と新規開拓の双方においてよりバランスの取れた、多角的な意思決定が可能になります。

多様性を受け入れる組織文化は、変化に柔軟に対応する環境を育み、結果として両利きの経営が実現しやすくなります。

つまり、**多様性がある組織は、異なる視点やアイデアを統合して、効率性と革新性の両立を図るための基盤となる**ため、両利きの経営の実現において非常に大きなメリットをもたらします。

「多様性疲れ」の実状

とはいえ、多様性を資産にするのは簡単ではありません。

コミュニケーションは複雑になりますし、手間が増えます。新しい制度や仕組みを整えるコストもかかります。「今のやり方で十分うまくいっている」と感じているメンバーからは、抵抗感が生まれる可能性もあります。

「期待していたほどの成果が上がらない」という声も少なくありません。20代～60代の働く人を対象にしたある調査では、約7割が多様性への取り組みの効果を実感できていないと答えています。[20]

日本企業がこれまで一様な組織だったために、多様性プログラムが機能しないのでしょうか？

いいえ、事情は米国でも同じです。ハーバード大学の社会学者フランク・ドビン教授らの研究によれば、多様性プログラムが必ずしも成果につながらず、それどころか場合によっては逆効果になることもあると報告されています。[21]

ＤＥＩへの取り組みが目標に達しないと感じた組織や個人からは「多様性疲れ」と

20　「『ダイバーシティ』に関するアンケート調査」（アデコ株式会社、２０１７）。「現在までに良い効果があったと思いますか。」への回答より（ｎ＝５８４）。

21　Why Diversity Fails, Frank Dobbin and Alexandra Kalev, 2007, Harvard Business Review（２００７年に発表された31年間にわたる８２９社のデータを分析した研究）

いう言葉すら聞かれます。ＤＥＩは繊細なテーマであるがために意見の分断や対立を招くケースもあります。

２０２５年1月21日、「違法な差別の終了と実力主義に基づく機会の復活」大統領令１４１７３号を発令し、連邦政府との契約を持つ民間企業に対し、ＤＥＩ関連の取り組みを禁止する方針を提示しました。多様性を尊重する概念は活かすものの、特定のカテゴリーを優遇するアファーマティブアクションのような制度を考え直す風潮や、一部の企業ではＤＥＩに関する目標設定を廃止したり、その投資を減らしたりする動きもあります。

なぜ、こうした状態が起こるのでしょうか？

私は、多様性の専門家ではありません。でも米国や欧州、アジア、日本で、企業リーダーたちから、たくさんの声を聞いてきました。リーダーたちは、違いを活かして多様性を資産にしたいと心底願いながらも、自社の取り組みに限界を感じてもいました。

「多様性を尊重するあまり、政治的に正しい発言を心がけるようになり、自由に意見を言い合う場が減ってしまった」
「マイノリティへの差別に関与しているわけではないが、マジョリティにいることに居心地の悪さを感じ、本音で対話ができなくなった」

私の目には、背景には次の2つの課題が潜んでいるように映ります。「多様性への理解不足」と「心理的安全性に偏ったアプローチ」です。

多様性には二軸がある

多様性疲れという課題は、そもそも多様性そのものへの理解不足が原因と考えられます。組織が多様性を真に活かすためには、単にさまざまな個性やバックグラウンドを集めるだけでなく、それぞれの**多様性が組織内でどのように機能し、相互に影響を及ぼしているかを深く理解する**必要があります。ここで重要なのが、「水平的多様性」と「垂直的多様性」という2つの視点です。[22]

水平的多様性

水平的多様性とは、組織全体、同僚間、部署間、あるいは職種間で見られる性別、年齢、人種、文化、専門性、価値観など、横方向の多様な違いを指します。これらは、異なる視点やアイデアが交わることで創造性や革新性を促進し、柔軟な問題解決を可能にします。

異なる専門分野のメンバーが協力することで、多角的なアプローチも可能です。技術者とデザイナーが協力するプロジェクトチームでは、革新的な成果を生む可能性が高まり、現代の複雑な課題への対応力が高まるのです。

多くの組織が多様性への取り組みを推進していますが、焦点が水平的多様性にだけ当たっていることが多く、それだけでは十分ではありません。

垂直的多様性

垂直的多様性とは、組織内の階層や役職、権限の違いに基づく多様性を指します。新入社員、ミドルマネジメント、役員など、異なる階層の人々の間にある違いです。例えば経営層は戦略的で抽象的な視点を持つ一方で、現場の従業員は日々の業務に基づいた具体的な知見を持っています。両者の視点を統合することで、より実践的で効果的な解決策が生まれます。

垂直的多様性を活かした好例が、野中先生が提唱した「ミドル・アップダウン・マネジメント[23]」です。

大きなビジョンや夢をトップが描き、現場に落とし込むための具体的なコンセプトをミドルマネジメントが創り出す。現場の従業員から吸い上げた実情や知識を統合し、トップと現場をつなぐ架け橋となるのがミドルの役割です。

22　David Livermore, Leading with Cultural Intelligence 3rd Edition: The Real Secret to Success, HarperCollins Leadership, 2024

23　『知識創造企業』（野中郁次郎、竹内弘高著、梅本勝博訳、東洋経済新報社、１９９６）

■多様性の二軸

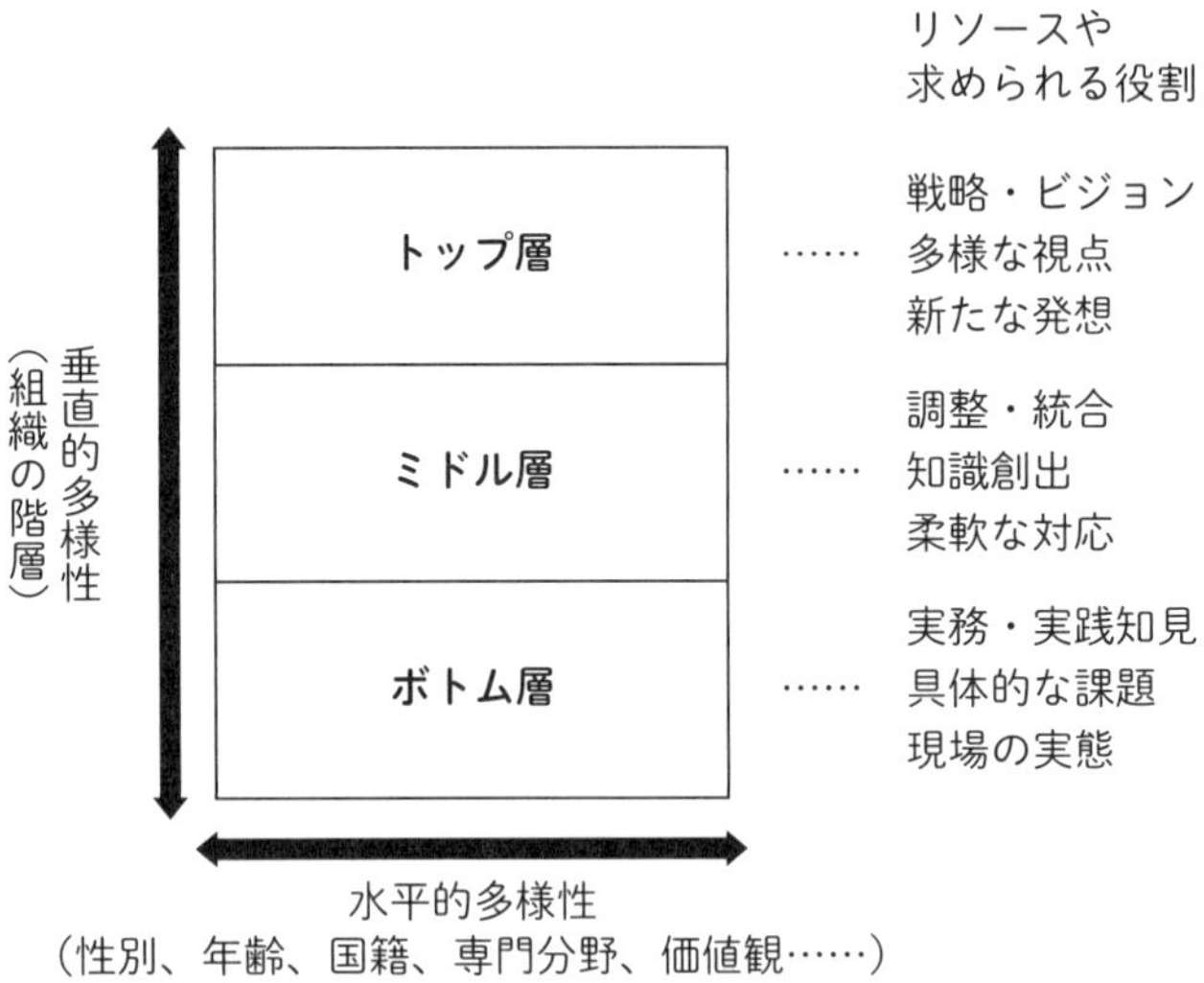

垂直的多様性の活用は、知識の統合と創造、柔軟な意思決定、効果的なコミュニケーションを可能にします。

知識の統合と創造

トップの大局的視点と現場の具体的知見がミドルを通じて統合されることで、組織内で新たな知識やアイデアが創出されます。これは、異なる階層が持つ多様な視点が相互に刺激し合うことで生まれる相乗効果です。

柔軟な意思決定

各階層が持つ特有の視点を融合することで、従来の一方通行の命令系統では対応しきれなかった複雑な課題に対しても、柔軟かつ迅速な意思決定が可能になります。ミドル層が現場の生の声を取り入れながらトップへフィードバックする仕組みは、組織全体の適応力を高めます。

効果的なコミュニケーションの促進

垂直的多様性を理解し、意識的に活用することで、各階層間の情報共有や意見交換が活発になり、組織内の課題や改善点が早期に発見される環境が整います。

ただし機能しなければ、組織全体が停滞するリスクもあります。トップのビジョンが抽象的すぎたり、現場との連携が不足すると、ミドル層もその意図を正確に汲み取ることが難しくなります。したがって、ビジョンを具体的なコンセプトに落とし込み、全階層で共有する必要があります。

また、ミドル層が効果的に情報の橋渡しを行うためには、組織全体でのコミュニケーション体制が整備され、各階層が互いの意見を尊重し合う組織文化が不可欠です。連携が不足すると、情報の断絶や意思決定の遅延といったリスクが高まります。

水平的多様性により、多様なカテゴリーの要素が交差し、従来の均質な環境を超え、異なる視点や知的資源が融合するダイナミックな知見が創出する。結果として、固定概念に縛られない創造的な発想や革新的な問題解決が促進され、組織全体の柔軟性と競争力の向上が期待される。

垂直的多様性により、全てのレベルでの意見を価値あるものとして尊重し、知識の創出と統合を促進する多層的な対話を醸成する。

2つの多様性がポジティブに相互作用すれば、革新的で柔軟な意思決定を支える組織文化が生まれます。

丸井グループの青井浩氏は、三代目社長に就任した頃に幹部会議のテーブルについていたのは、暗い色のスーツを着た中高年の男性ばかりだったと話します。これは水平的多様性が欠如している典型例です。また当時は上下関係が強かったとも言われ、垂直的多様性を活かし切れていなかったことも垣間見えます。青井氏はこうした多様性を活かすための組織文化づくりを行ってきました。

多様性をチームの資産とするか、負債とするか。組織文化がこれを左右します。

1 多様性を活かす心理的安全性

「自分のいる職場は、異なる背景を持つ多様性のあるメンバーが安心して互いに挑戦していけるだろうか。厳しい質問を投げかけ、議論を行いながら、共創していける環境だろうか？」

こんな問いから「心理的安全性」というキーワードを思い浮かべる方もいると思います。

そのままの自分の意見や気持ちを表現しても拒否や非難をされない感覚があるという、心理的安全性への関心は近年急速に高まりました。取り組んでいるチームも多いでしょう。

心理的安全性の第一人者であるハーバード・ビジネススクールのエイミー・エドモ

ンドソン教授の研究では、チームに対して抱いたアイデアや懸念などを、恥や報復を恐れずに共有できる環境があることでチームの受容性とパフォーマンスが向上するという結果があります。[24]

第3章に、組織との関わりで、個人の感情や価値観、経験といった自己を道具として用いることに触れました。これも心理的安全性という土壌があってこそ、臆さず用いることができるでしょう。

心理的安全性の重要性については、たくさんの書籍や研究が発表されています。そのため、ここでは詳しくは触れません。

むしろここで採り上げたいのは、心理的安全性を重視しすぎることの落とし穴です。

見落とされがちな知的誠実性

企業イノベーションの専門家である、ブリガム・ヤング大学のジェフ・ダイヤー教授は、心理的安全性を重視するばかりに知的誠実性（Intellectual Honesty）が損なわれる可能性を指摘しました。[25]議論や対話を通じて、異なる視点から学ぶことを避けてしまうというのです。

知的誠実性とは、**自分の意見や知識に対して正直であるだけでなく、他者の意見や考え方に対しても誠実に向き合う姿勢**です。自分が知らないことや間違っていることを認め、他者の意見を公平に尊重し、感情や偏見に左右されず、事実に基づいて考え、議論を進めることが含まれます。知的誠実性にはいくつかの重要な原則があります。

知的誠実性の実践は、信頼を育み、批判的思考を高め、あらゆる分野で建設的かつ真実のある議論を促進します。尊敬、透明性、インクルージョンという文化を育む重要な要素です。

今日の世界では、知的誠実性を欠いた言動がしばしば見られます。

24　Amy C. Edmondson, Psychological Safety and Learning Behavior in Work Team, 1999　他

25　Jeff Dyer, Nathan Furr, Curtis Lefrandt, and Taeya Howell, "Why Innovation Depends on Intellectual Honesty," MIT Sloan Management Review, Spring 2023

〝内容〟よりも〝伝え方〟に重きが置かれ、誤解を招く情報があふれています。知的誠実性の実践がまるで理想論であって、現実的な選択ではなくなってしまっているよう。リーダーや専門家の、人から無能と見なされることへの過剰な恐れや、そこからの「知ったかぶり」が背景にあると考えられます。

知的誠実性を欠いた行動は、誤ったステレオタイプな考え方を助長し、分断を深めます。結果として差別や不平等につながり、協力は欠如します。

組織においては、多様な視点を疎外し、信頼を損ないます。生産性やチームの結束を弱めますし、深刻な対立を生みかねません。

しかし、だからといって知的誠実性だけを重視すればいいわけではありません。

ダイヤー教授らの研究によれば、心理的安全性と知的誠実性の間には負の相関のようなものがあるそうです。

知的誠実性を極端に追求するリーダーは「最良の結果を出すための合理的かつ論理的な行動」を望み、そのために人間関係を犠牲にすることもあるからです。

■知的誠実性の原則

真実の追求	自分の信念や利益が否定される場合でも、真実の発見に真摯に取り組む。個人的なバイアスよりも証拠と論理的な議論を優先する
透明性	自分の知識の限界や、推論における潜在的なバイアスを率直に認める。情報源や利益相反は正直に開示する
一貫性	自分の視点に賛成するか反対するかに関わらず、全ての主張に対して同じ証拠と推論の基準を適用する
公平性	反対意見に公平に耳を傾け、開かれた心で考慮する
誤りの認識	間違いを認め、それを訂正する意欲。新しい証拠やより良い議論に照らして自分の見解を修正する
誤解の回避	事実を歪曲したり、特定の立場を支持するために情報を選択的に提示しない。他者の意見や証拠を正確に表現する

Jeff Dyer, Nathan Furr, Curtis Lefrandt, and Taeya Howell, “Why Innovation Depends on Intellectual Honesty,” MIT Sloan Management Review, Spring 2023,をベースに宮森作成

スティーブ・ジョブズは、部下に非常に高い期待を寄せ、常に最高のパフォーマンスを求めました。その期待に製品開発が応えられないと「それはクソだ」「君は何を考えているんだ？」「こんなものを作ったのか！」など、非常に厳しいフィードバックを与えたことで知られています。彼の強い要求や批判的な態度が、一部の社員にとっては恐怖やプレッシャーとなったこともあったでしょう。

知的誠実性が過度に追求されると、感情的な配慮が不足し、周囲の信頼や尊敬が損なわれる可能性があることが分かります。心理的安全性も同時に重要であり、

そのバランスが求められます。

心理的安全性と知的誠実性から見た4つの組織文化

ダイヤー教授らは、心理的安全性と知的誠実性から、組織文化を4つのタイプに分けています。

傷みを抱える組織文化

心理的安全性と知的誠実性の両方が低いと、チームは傷を負って苦しんでいる状態です（distressed culture）。

メンバーは学習やイノベーションが苦手です。反対意見を述べることを恐れ、率直に意見を言うことができません。

■ 心理的安全性と知的誠実性から見た4つの組織文化

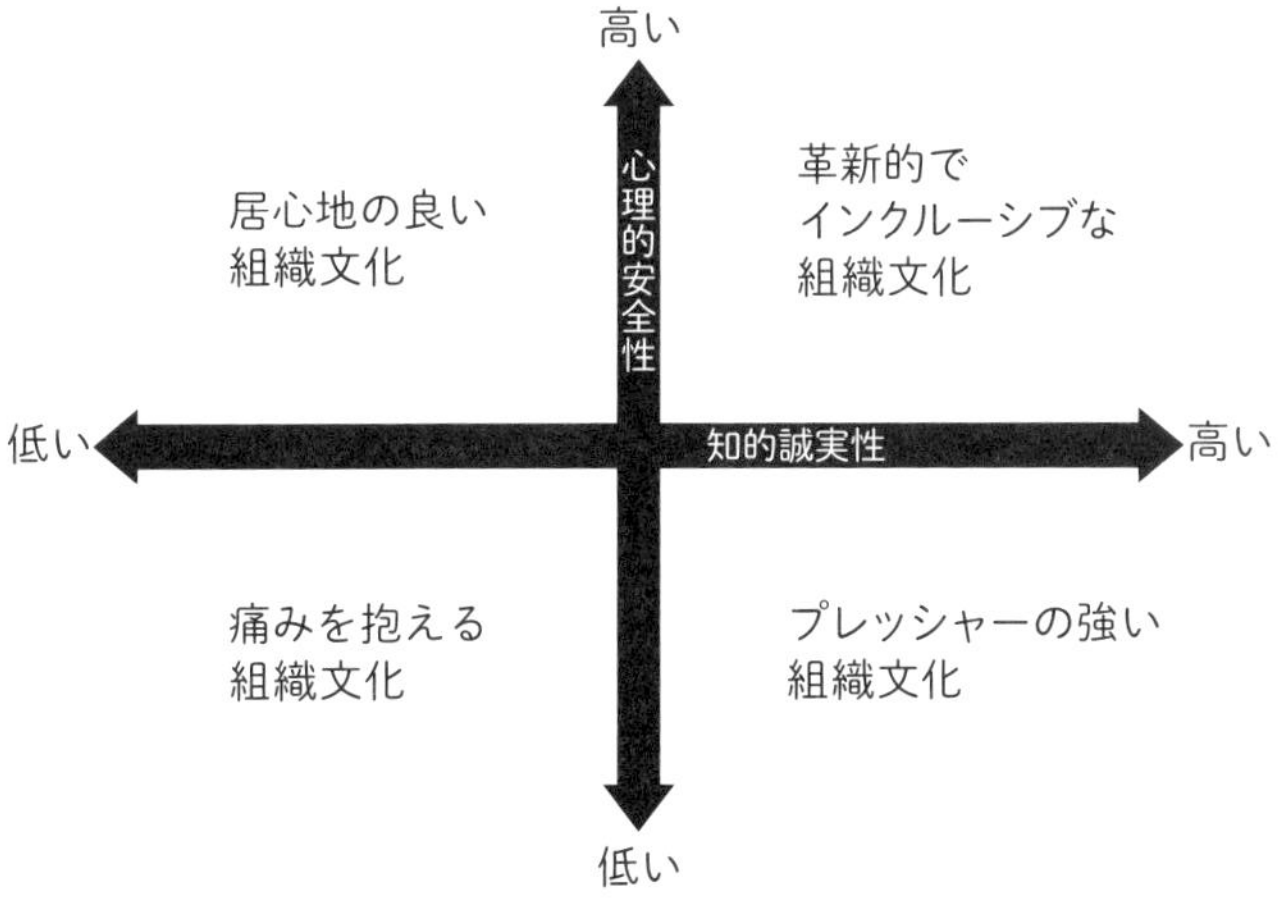

Jeff Dyer, Nathan Furr, Curtis Lefrandt, and Taeya Howell, "Why Innovation Depends on Intellectual Honesty,"MIT Sloan Management Review, Spring 2023,をベースに宮森作成

リーダーは不合理に高いパフォーマンスを求めますが、メンバーはリーダーや同僚に対して正直な懸念を表明できず、誠実な意見交換が行われません。

居心地の良い組織文化

心理的安全性は高くても、知的誠実性が低いと、単に居心地の良いチームというだけに留まります（comfortable culture）。

メンバーは協力的に働き、お互いを尊重します。そのため、離職率は低く、重要な情報を持つ誰かが辞めたとしても、大きな支障をきたさずに済むでしょう。

意見を言える環境があることも感じてい

ます。

けれどもメンバーは「人に嫌われたくない」とも思っています。環境が整っていても、実際には意見を言わないことがよくあります。挑戦にも消極的です。

チームは安定的にパフォーマンスを発揮しますが、積極的に新しいアイデアをぶつけ合うことはありません。

プレッシャーの強い組織文化

居心地の良いチームとは逆に、知的誠実性が高く心理的安全性が低いチームには、強いプレッシャーがかかっています（anxious culture）。

メンバーには率直な意見交換が奨励されます。正直であることが重視され、競争の中で「正しい意見」を述べることが重要視されます。意見の違いや議論も当然です。

例えばネットフリックスでは、優秀な人材を集めることで管理を最小限にし、社員同士のフィードバックが自然と行われる文化をつくり上げています。暗黙の責任感が育まれ、重視するのはルールよりも能力とパフォーマンス。知的誠実性と個々の高い能力が相まって、チーム全体のパフォーマンス向上につなげています。

プレッシャーの強いチームでは、学び合いやイノベーションが促進される可能性があります。ただし、このアプローチが過度に強調されると、感情的な負担が大きくなり、心理的安全性が低下します。過度なプレッシャーやストレスの結果、離職率が高くなる、または社員が燃え尽きてしまう可能性もあります。

革新的でインクルーシブな組織文化

心理的安全性と知的誠実性が高く、バランスが取れている。長期的に見て、最も革新的なチームです（innovative culture）。

メンバー同士の異なる視点によって、意見を言い、共通の目標に向けた共創のために、ベストを尽くそうと促し合います。

率直な意見交換が行われることは、プレッシャーの強いチームと同じ。ですが、その過程でメンバー同士がお互いを尊重します。自分にない視点や根拠が示されれば、自我を脇に置くことも、自分の意見を柔軟に変えることもできます。

一例としてセールスフォースは、知的誠実性も心理的安全性も高く、それぞれが調和し、イノベーションが自然に生まれている企業です。メンバーの意見を尊重し、率直な議論が奨励されると同時に、個々のメンバーが安心して意見を表現できる心理的安全性も確保されています。創業当初から「Ohana（ハワイ語で家族）」という価値観を掲げ、社員同士の支え合いや協力を大切にしています。

多様性を活かす鍵

ここで話はもう一度、多様性に立ち戻ります。

多様性を活かすためには心理的安全性だけでは足らず、知的誠実性も必要でした。ただこの多様性が、現代では複雑です。**水平と垂直の二軸から、組織の多様性を考える**必要があります。

文化や価値観に違いがあると、率直かつ真摯な意見交換は難しくなっていきます。

例えば、対立は「避けるべきこと」とされれば、知的誠実性は発揮しづらくなってしまいます。

文化の違いは、心理的安全性へも影響します。それぞれの文化が違えば、何に心理的安全性を覚えるかが異なります。「笑顔でいることが相手に信頼感を与える」という文化もあれば、逆に「やたらと笑顔をふりまく人は信頼ができない」と判断される文化もあります。

こうした文化の違いを理解しないままの多様性の推進は、誤解や摩擦の種になります。「率直なフィードバックが相手のためになる」と考えて建設的な批判をした結果、その相手が「恥をかかされた」と禍根を生むこともあるかもしれません。こうなると共創も何もありません。

そこでリーダーに不可欠となるのが、他でもないCQです。心理的安全性と知的誠実性のある、革新的でインクルーシブな組織文化を創る鍵も、CQが握っています。CQを高めると、お互いの違いを尊重しながら議論を進める環境が作られます。そのため心理的安全性が高まります。また文化的な違いを理解し、それに適応しながらも、誠実なコミュニケーションを取れるため、知的誠実性も高めることになります。相手の反応や行動の背後にある文化的な要因を意識できるため、誤解を未然に防ぐこともできるでしょう。

多様性を活かす鍵となるＣＱについて、次章では詳しく説明していきましょう。

- 一様な組織では競争力を保てなくなっている昨今に、多様性を活かそうとする組織が増えた
- 一方で、ＤＥＩの後退や、多様性疲れの実状もあり、多様性を持て余す組織も少なくない
- 多様性疲れの背景には、水平的多様性と垂直的多様性への理解不足がある
- 水平的多様性と垂直的多様性をポジティブに相互作用させ、組織文化に活かす
- 多様性を活かすためには心理的安全性と知的誠実性が不可欠であり、いず

れもＣＱが鍵となる

column

漫画に見る心理的安全性と知的誠実性の共存

心理的安全性と知的誠実性は、漫画の登場人物からも学ぶことができます。ここでは『ONE PIECE』のトラファルガー・ローという人物を挙げてみます。

ローは海賊団の船長であり、自らの目的のために主人公のルフィ率いる「麦わらの一味」と同盟を組みます。

その行動からは、彼が目的志向と計画性を持っていると同時に、競合との同盟という論理的な意思決定を下せるという姿勢が垣間見えます。また、この決定を率直に部下たちに伝える誠実さもあります。これらはいずれも知的誠実性だと言えるでしょう。

一方で、この決定に反対する部下もいることから、組織の中で反対意見を表現できるという心理的安全性があることも分かります。

ローはリーダーとして部下を信頼し、意見を自由に表明できる関係性を作っています。彼自身は厳しい場面でも感情的な暴走を見せません。冷静なリーダーであるからこそ、積極的に自分の意見を述べることもできます。また彼は船長でもありますが、医者でもあります。その高い能力が部下の心理的安全性を育んでいるとも言えるかもしれません。

キャラクター同士が率直に意見を交わしながらも、お互いを尊重し、学び合う。このようなストーリーは、古今東西、数多くあります。心理的安全性と知的誠実性を育むためのヒントをそこから得ていくというのもひとつでしょう。

第5章
どこで誰とでも効果的に働くためのCQ

道在邇而求諸遠

道は近きにあり、しかるにこれを遠きに求む。

孟子

組織文化変革に欠かせないＣＱ

心理的安全性がある組織では、自分の考えを安心して表現できます。けれども、知的誠実性がなければ、違いから新しい価値を生み出すことは難しい。両方のある組織文化なら、多様性を力に変えることができます。この鍵となるのがＣＱ（Cultural Intelligence：文化的知性）です。

ＣＱは、ＩＱ（知能指数）やＥＱ（こころの知能指数）と並べて挙げられるスキルです。ＩＱは論理的な推論能力を、ＥＱは他者への共感と視点を理解する能力を表します。**ＣＱは多様な人々や状況と効果的に関わる能力**です。

私は「**違いに橋を架け、ポジティブなエネルギーに変える力**」と言い換えています。

急速に変化するデジタル時代にもＣＱは力を発揮します。ＣＱが高ければ、どんな環境で、どんな違いがあっても、柔軟かつ効果的に対応できるからです。

ＣＱが生まれたきっかけのひとつにコンピュータの「２０００年問題」があります。１９９９年から２０００年になるにあたって、コンピュータが誤作動を起こす恐れから、ＩＴソフトウェアエンジニアたちが国境をまたいだチームを組みました。ですが、それぞれのＩＱやＥＱは高いのにプロジェクトが滞るケースが頻発しました。

他にも業界を問わず、グローバルなプロジェクトや海外駐在時などで思うほどのパフォーマンスが発揮されないというケースは至るところで起こっていました。

こうした背景から21世紀を迎える頃に「文化的背景が異なる人と効果的に働く能力」の研究がスタート。そこで提唱されたのがＣＱの概念です。[26] 以来、20年以上にわたり１５０カ国以上で様々な研究が重ねられてきました。

研究の核となってきたのは、２つの問いです。

「現代の多様な世界で、効果的に先行できる個人や組織と、そうでない個人や組織の

26 "Cultural intelligence: Individual interactions across cultures" (P. Christopher Earley, Soon Ang, Stanford University Press, 2003)

違いは何か」

「似た経歴を持つ幹部でも、多様性のあるチームを導く際に、なぜ結果は驚くほど異なるのか」

生まれつきの才能？

育った場所、話せる言語の数、住んだ国の数、旅行経験の量？

どれも誤りです。

文化的背景が異なる人と効果的に働く能力、**CQは誰もが学び、伸ばすことができます**。本章では、これを詳しく述べていきます。

CQはチームワークやコラボレーションなど、組織の活動の全てに影響を与えます。国と国だけでなく、年齢、性別、役割、人種、組織の階層、考え方の異なるメンバーが参加するミーティングなど。多様な文化があり、ときに相反する状況でも、効果的に物事を進められる。新しい市場の開発や成長にも資する能力です。

CQとは何か。リヴァモア博士らこの分野の研究者たちは、その一面を次のように答えます。[27]

「CQの高いリーダーは『すべきこと』と『すべきでないこと』の全てを知っているわけではありません。そんなことは不可能です。しかし、CQは『GPS』になります。複雑な状況から抜け出す道筋をナビゲートしてくれるのです」

CQは成功への〝ブースター〟

「CQさえ高めれば何事もうまくいく」と言いたいわけではありません。組織においては、戦略や人財開発、ビジネスリテラシーが必要です。個人には業務上のスキルも求められます。

27　David Livermore, Leading with Cultural Intelligence 3rd Edition: The Real Secret to Success, HarperCollins Leadership, 2024

ＣＱはこれらの「ブースター（Force Multiplier）」であることが世界中の数百の研究、産業、地域で行われた研究により明らかになっています。**既存の力を効率よく活かし、効果を飛躍的に高めます**。

ＣＱの高い組織は、多様な人々を尊重して共創する組織文化を育みます。逆にＣＱの低い組織では、慣れ親しんだ文化の視点から世界を見るため、他者を自分の文化に同化させることを優先します。違いを活かした共創や新しい価値の創造は困難です。

図はＣＱと多様性、パフォーマンスの関係を視覚化したものです。

左側は、ＣＱの低い、多様性のある組織です。リーダーは文化的な違いを無視したり抑圧しています。多様性がパフォーマンスの障害になっている状態です。比べれば中央にある単一文化のチームのほうがパフォーマンスは高まります。同じ文化を持ち、同じ方向を見ているため合意も早いでしょう。ところが創造性のある仕事をする上ではいずれ限界を迎えます。

右側は、ＣＱの高い、多様性のある組織です。リーダーは文化的な違いを認め、そ

■ CQと多様性、パフォーマンスの関係性

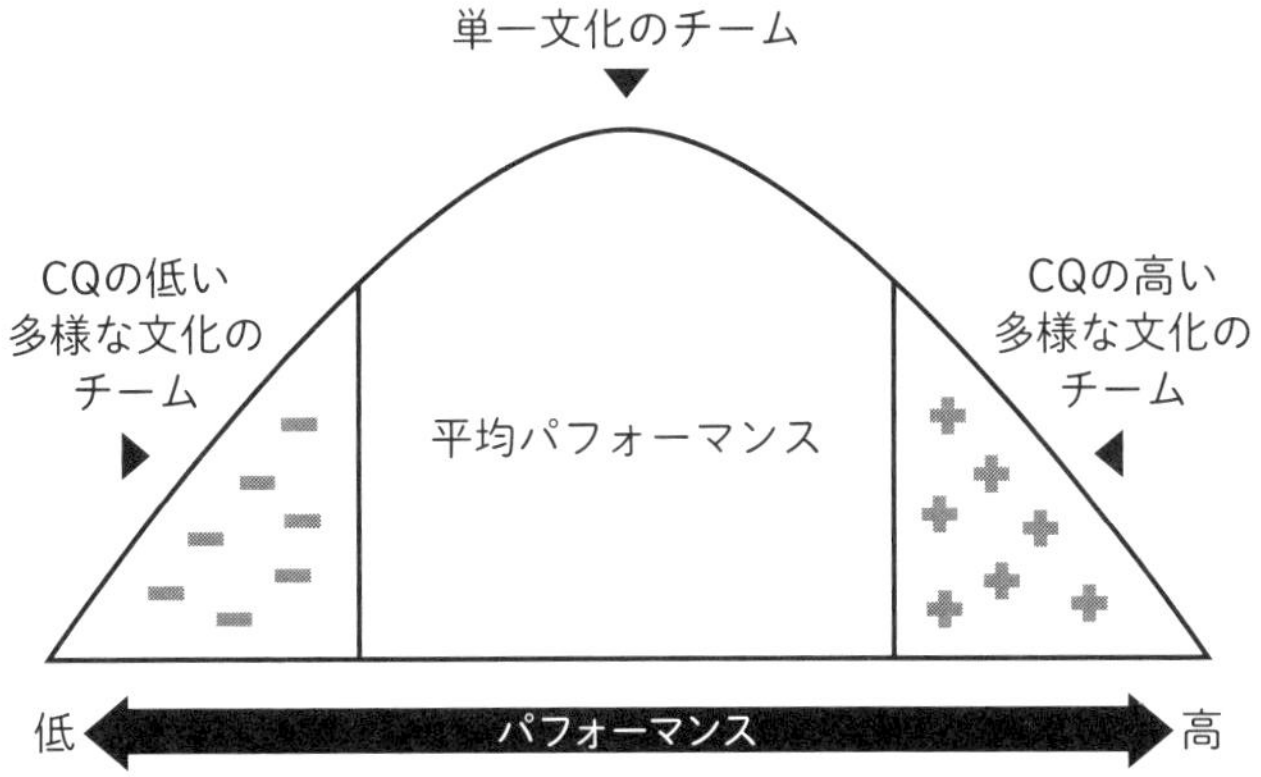

出典：Distefano, J.J., Maznevski, M.(2000), "Creating Value with Diverse Teams in Global Management", Organizational Dynamics, 29(1), 45-63.をベースに宮森作成

の違いを活かそうとします。文化の違いがパフォーマンス向上につながっています。

組織文化の変革の旅路では、たくさんの違いを何度も目の当たりにするはずです。

今ある組織文化と未来にありたいものとの違い、メンバー同士の文化の違い、自分自身の中にある複数の文化の違い。

こうした違いに打ちのめされて、くじけるのではなく、むしろ乗り越える。異なる文化に対し、膝を詰め耳を傾けて目を凝らす。

そのための能力がCQです。

意見交換を活性化

ＣＱは集団内での個人の発言のしやすさに影響するという調査結果があります。調査によると多様性あるチームにいるＣＱの低い学生は、単一の国籍のチームにいるＣＱの低い学生よりも発言が少ないという傾向が分かりました。対してＣＱが高い学生は多様性あるチームでも、単一の国籍のチームと同等かそれ以上に発言する傾向がありました。

欧州に本部を置く多国籍企業でも同様の調査が行われました。ここでもやはりＣＱの高さが発言に関係していることが分かりました。ＣＱが低い部下は上司に対して発言が少ない傾向がありましたが、ＣＱが高い部下は文化の違いに関係なく一貫して自分の意見を伝えていました。

発言とは一種のリスクを伴う行為です。意見やアイデアを表明することで非難を受ける可能性もあるからです。

ＣＱの高い組織は、心理的安全性と知的誠実性を共存させ、意見やアイデアをぶつけ合うことができます。

エンパシー（共感）とシンパシー（同情）

ＣＱのもたらす最大の価値が「共感（エンパシー）」です。他者の考え方や感じ方になって、その視点から物事を見ようとします。

第2章に挙げたように、共感はＢＡＮＩ時代に対処するために重要な力のひとつです。

共感は、感情的に心を寄せる「同情・親しみ（シンパシー）」とは違います。感情ではなく理性を用います。ブレイディみかこ氏は著書『他者の靴を履く』[28]で、「他者の立場に立ち、その人の考えや感情を想像すること」の重要性を強調しました。

―28　『他者の靴を履く』（ブレイディみかこ、文藝春秋、２０２１）

共感という概念は「メガネ」になぞらえると、分かりやすいのではないでしょうか。

私たちはいつも、見えない「メガネ」を通して物事を見ています。まっさらでむき出しの瞳で世界を捉えてはいません。生まれてからこれまでに、無意識のうちに埋め込まれてきた、潜在的価値観というメガネを通して、世界を見ています。メガネがあるために、対象は補正されたり、色が付けられたりします。

「太陽の色は？」と聞かれたら、多くの日本人は赤と答えます。日本では国旗「日の丸」のイメージが強かったり、太陽が真夏や情熱のモチーフに使われることから、赤と捉える人が多いのだそうです。一方で、欧州や米国、中国、韓国では黄色やオレンジと答える人が多いとされます。

私たちが見る世界は、かけるメガネによって変わってくることの一例です。

「普通」や「常識」は、どこででも通用するわけではないのです。

一方、私たちは複数のメガネを持ち、かけ替えることもできます。

相手のメガネで物事を見ようとすることが、共感です。

誰もがそれぞれのメガネをかけ、それぞれの普通があると分かると、世界はずいぶんと様相を変えていくはずです。

ＣＱの高低の差は、複数のメガネをかけ替えられるかどうか。「ＣＱが低い」状態では、自分一人分のメガネから世界を見て判断します。「ＣＱが高い」状態になると、他の人のメガネにかけ替えて、さまざまな視点から物事を見つめ、違う考えや感情を想像することができるようになります。

さらに、ベースにあるのがシンパシー（同感）か、エンパシー（共感）かで、行動は大きく異なります。

同情や親しみがベースにあれば「自分が人にしてほしいと思うことを、人にもすること」になります。「人にしてもらいたいと思うことは何でも、あなたがたも人にしなさい」という他者への行動の基準は、ゴールデンルール（Golden Rule）として聖書に記載されており、多くの宗教や文化でも類似の教えが見られます。この考え方はシンパシー（同感）を基盤としています。

しかし、このゴールデンルールには落とし穴もあります。それは「どんな人も、自分と同じように扱われたい」と無意識に仮定している点です。**異なる文化的背景を持つ人が、必ずしも自分と同じ扱いを望んでいるとは限りません**。この前提がないままに行動すると、意図せず誤解や不快感を生む可能性があります。

例えば、営業の場面で「自分が良いと思うものは、顧客もほしがるはずだ」と考えて提案するとします。しかし、それが的外れだった場合、かえって信用を損ねたり、逆効果になることもあります。これはまさにゴールデンルールの限界を示す例です。

もうひとつ具体的な例を挙げると、私は国際線を利用する際、日本の航空会社を好みます。海外出張の後、丁寧できめ細やかなサービスに接するとほっとするからです。しかし、私のオランダ人の友人たちの中には「むしろそのサービスが負担になる」という声もあります。彼らにとっては、静かに休める方が優先されるため、日本の航空会社のおもてなし的気配りがかえってストレスになるのです。

このように、自分が良いと思うことが必ずしも相手にとっても良いとは限りません。

このため、多様性を真に活かすためには「自分がしてほしいことを他者にする」ゴールデンルールではなく、**「相手が望むことを理解した上で向き合う」**プラチナルール（Platinum Rule）が求められます。これは、エンパシー（共感）を基盤とし、相手の視点や価値観を理解し、その視点を踏まえて行動します。

ただし、相手の意見や感情に常に同意する必要はありません。相手と自分の価値観や背景、双方を尊重し、適応していくのがプラチナルールです。

CQは、共感をベースにした行動を実践するために役立つ力。自分と相手の視点を理解し、それを基に相互適応して、共創を実現します。

- CQは「違いに橋を架け、ポジティブなエネルギーに変える力」
- 組織がCQを高めると、多様性を活かしながら、パフォーマンスの向上・増幅につなげられる
- CQが高い人は「メガネ」を複数持っているため、違う考えや感情を想像できる

column

スターバックスとCQ

2018年4月、スターバックスの米国フィラデルフィアの店舗で、友人を待っていただけの黒人男性2人が逮捕されました。彼らが注文をしないままトイレを使用しようとしたところ店が拒否。店員が警察に通報し、逮捕されたのです。

この出来事は人種差別として批判を招きます。

スターバックスは翌月29日、全米で直営の約8000店を半日閉めて、約17万5000人の従業員を対象に人種差別を防ぐための研修を実施しました。

しかしアジア、中東、欧州のチームにとっては、自分たちとの関連性を見出しづらい状態でした。シアトルから発信されるテーマと取り組みが、あまりにもアメリカ中心的だったからです。

一方でスターバックス本社は、無意識の差別はどこでも起こりうると強く意識していました。

「会社全体で一貫したフレームワークを維持しながら、各地に応用できるフレームワークは何か」

採用されたのがＣＱです。

同社が、よりグローバルな視点でＤＥＩ戦略を構築する必要性からアドバイザーを務めるようになっていたのが、この本の監修者デイヴィッド・リヴァモア博士です。彼は言います。

「スターバックスはＣＱを、グローバルに活用可能でありながら地域ごとに適応できる共通の言語でありモデルとなると評価しました。当初、ＣＱは多様性の取り組みの一環として採用されました。ですがその後、同社はＣＱがタレントマネジメント、組織文化にも結び付くことに気付きました[29]」

それまでも多様性に真剣に取り組んできた同社ですが、スターバックスが全ての人々にとってインクルーシブ（包括的）な場所であることを目指す姿勢を改めて示しています。

29 「Cultural Intelligence In The Real World: How Organizations Bring CQ To Life」(David Livermore, https://davidlivermore.com/2021/05/20/cultural-intelligence-in-the-real-world-how-organizations-bring-cq-to-life/)

第6章

組織とCQ

We must build bridges, not walls.

私たちは、橋を築く者でなければなりません。
壁を築く者になってはなりません。

ローマ教皇フランスシコ

CQの4つの要素

■ CQの4つの要素

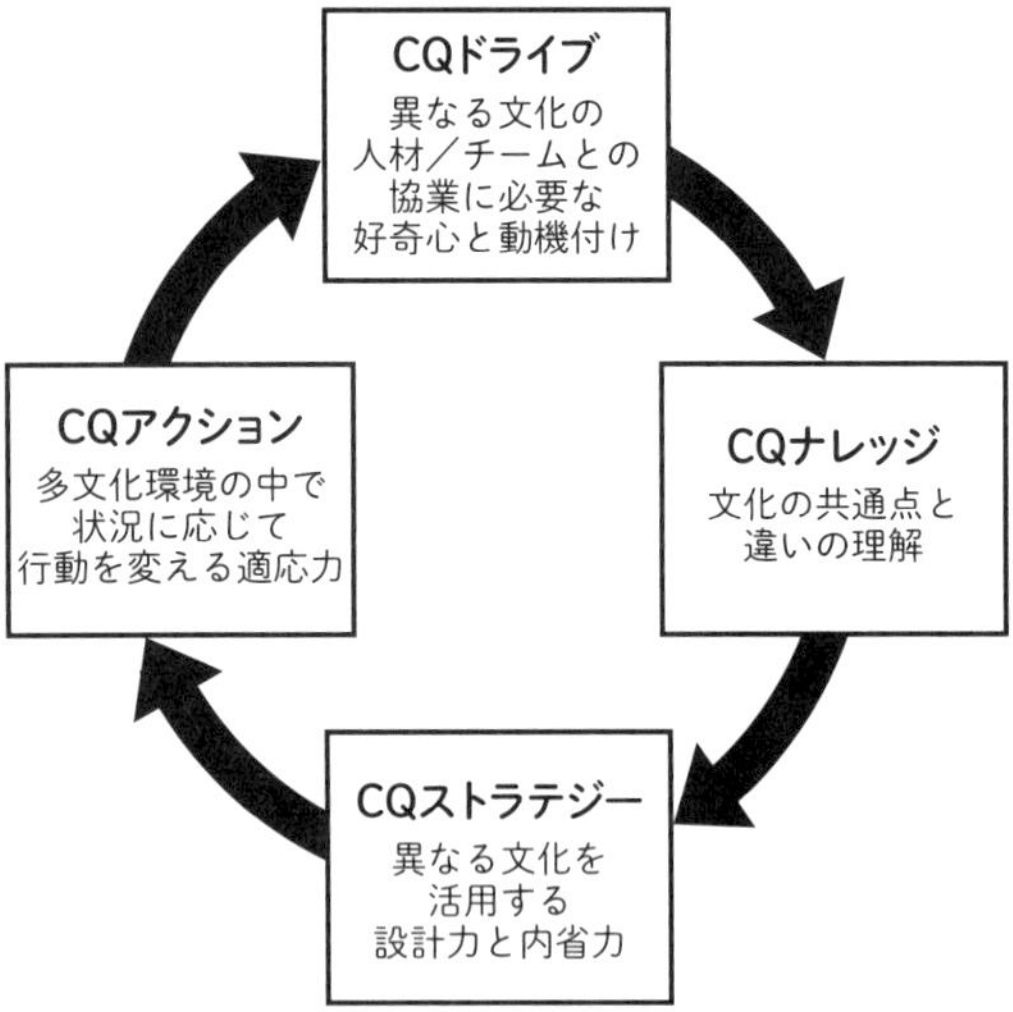

ＣＱの高い組織には、共感する力が根付いています。

メンバーは、ある部署にいるときは一人ひとりの意見を重視する文化を尊重し、別の部署に移るとリーダーが意思決定を主導する文化に適応する、といった柔軟な対応を取ることも可能です。

共感を具体的な行動に変える鍵となるのは、ＣＱを構成する４つの要素です。

CQドライブ（動機）……異なる文化の人材・チームへのオープンな好奇心と、違いと相互適応したいとする動機

CQナレッジ（知識）……文化がどのように似ていて、どのように異なるかについての知識。文化がどのように行動、価値観、信念に影響を与えるかを理解することがポイント

CQストラテジー（戦略）……異なる文化を活用する設計力と内省力

CQアクション（行動）……多文化環境の中で状況に応じて行動を変える適応力

CQドライブ（動機）

共感の力を育む第一歩は、「相手を理解したい」「相手と協力したい」というモチベーションです。

自分と異なる文化への好奇心、学び続ける意志、そして失敗しても立ち上がる力強さがその中心です。CQドライブは、**違いに関わり続ける意欲と自信**です。

異なる文化的背景を持つ人を知り、共に働くことにエネルギーを感じ、複雑さや挑

戦に向き合い続けるモチベーションを保つ人が、CQドライブの高い人です。

組織文化の変革には、トップリーダーの本気のコミットメントが欠かせません。

レゾナックの髙橋氏と今井氏は、その好例です。同社の組織文化の変革はお2人の覚悟ある会話から始まっています。髙橋氏が「組織文化の変革で問題が生じれば、責任を取るのは私たちです」と聞き、今井氏は「大丈夫です」と答えたといいます。

また、お2人に「ストレスやフラストレーションを感じることはありませんか?」と尋ねると「CEOにとって組織文化の取り組みほど大事なことはありません」（髙橋氏）、「私は文化が大好きなんです」（今井氏）という答えが返ってきました。

レゾナックは、2つのJTC（Japanese Traditional Company：伝統的な日本企業）が統合してできた企業です。上意下達や硬直的な組織運営といった〝昭和〞体質の残る自社の組織文化を変えようとするだけでなく、JTC変革のロールモデルとなる組織文化を作ろうとしている同社。社員一人ひとりとの対話の機会を設け、どんな困難にも柔軟に対応し、ストレスさえ糧にして前進するレジリエンスも見て取れます。

CQナレッジ（知識）

CQナレッジとは、**文化が人々の行動や思考にどのような影響を与えるかを理解する力**です。

文化やコミュニケーションスタイルの違いを学び、自他の視点や価値観を深く理解するための基盤となります。自分と相手の文化の共通点や違いを認識することで、より効果的なコミュニケーションや判断が可能となります。

CQの重要性は、ビジネスシーンにおいても変わりません。転職や異動でも応用が利くのではないかと思います。

事例に掲載している東レ経営研究所の高林氏は、海外駐在経験が全くない状態で4000人を統括するタイ法人の社長に就任しました。日々起こる「タイの不思議」や「日本との違い」にハッとさせられる体験があるたびに、メモをつけていたそうです。メモにはそのうち、CQナレッジによる体験の分析も加わります。やがてそのメモは「『タイ人といっしょに働くために』というレポート」となり、タイに新しく駐在する方々に引き継がれる貴重な情報源となりました。これはCQナレッジの高さを表す一例です。

とはいえ、あらゆる文化の専門家になることはできませんし、その必要もありません。

文化が私たちの思考、発言、行動の全てに影響を与えていることをまずは認識する。何を面白いと感じるか、失礼だと思うか、感動するか。どんなコミュニケーションを好むのか。上司と部下との関係性は、全てがそれぞれの属する文化によって形づくられ、一人ひとりは、異なる好み、傾向を持っています。

「文化の影響」をいったん理解すると、もう文化という視点抜きにしていられなくなるでしょう。

文化の違いを理解するためのフレームワークが「**ホフステードの6つの文化次元**（以下、6次元モデル）」です。このモデルについては、私の前著である『経営戦略としての異文化適応力 ホフステードの6次元モデル実践的活用法』にも掲載しています。各国間の文化的価値の違いを数値で視覚化したモデルで、50年以上にわたって世界中で活用され、CQナレッジの構築に非常に有効です。

■ホフステードの国民文化の6次元モデル

個人主義	社会と個人の関係性	集団主義
階層志向	権力格差（権力／不平等への対応）	参加志向
不確実性の回避	未知への対応	不確実性の許容
達成志向	動機付け要因	生活の質志向
長期志向	時間志向	短期志向
充足志向	人生の楽しみ方	抑制志向

6次元モデルは国際ビジネスにおいて最も広く用いられているフレームワークと言っても過言ではないでしょう。ホフステード先生は、国際経営学において最も権威ある「JIBS（Journal of International Business Studies）」などの学術誌における、引用数でもトップランキングに位置する学者です。私は、先生の晩年の5年間、直接教えを受ける幸運に恵まれました。

6次元モデルは、文化間の相対的な差異を表す際に役立ちます。どの次元もどちらかに偏っていることに優劣はありません。ただ違うだけ。一方、多様性の二軸（水平性と垂直性）を活用し、自律と共創を両立させる組織文化を作るためには、外せないポイントもあり、第7章で解説します。

では、それぞれを説明していきましょう。

社会と個人の関係性（個人主義／集団主義）

家族や組織などの社会と、個人との関係性を表す次元です。個人主義と集団主義を対極にあるものとして捉えます。それぞれの特徴を見ていきましょう。

●個人主義：自ら考え、自律する

個人主義の象徴的なキーワードが「自律」です。

今日の組織では、指示を待たずに自ら考え、行動できる自律型の人材が求められています。これは、目的や意義を理解し、主体的に業務を遂行できることを意味します。そのような組織では、個人が自らのアイデアを発信することが前提であり、業績評価の焦点は「自律性」や「責任感」に置かれます。

●集団主義：所属集団の調和を重視する

集団主義の視点では、自己は他者や社会的な文脈と深く結び付いた存在だと考えます。個人は家族、友人、社会的ネットワークなど、自分が属する集団に対して帰属意識を持つことが求められます。重要なのは集団や他者との調和であり、「権利と義務」は集団の一員であることを前提に成り立つのです。

アフリカのウブントゥという哲学は、集団主義の考え方をよく表しています。ウブントゥとは、「あなたがいてくれるから、私がいる」という相互依存の精神を重視します。地域コミュニティー主導の司法制度など、集団は伝統的な合意形成・対立解決の手法を持っています。[30]

権力格差　権力／不平等への対応（階層志向／参加志向）

組織や社会において、権力や地位の差をどの程度受け入れるかを示す次元です。

―――
30　「Human rights and cultural perspectives」（Lionel Veer and Annemarie Dezentje, UNESCO, 2018）

●階層志向の組織：トップが決め、指示する

権力格差の大きい組織では、リーダーとメンバーの距離が遠くなり、指示はトップダウン型で進められます。それぞれの役割や専門性が重視され、「優れたリーダーの指示のもとで機能する」という考え方が根づいています。

このような組織では、公の場で部下が上司に意見することはほとんどありません。「課題解決のアイデアを出してほしい」「目指したいビジョンを描いてみて」そんなふうにリーダーがメンバーに求めても、むしろ戸惑いや不安を生むこともあります。

組織全体としても、本社が決めたことに従うという姿勢が強く、中央集権的な運営がなされる傾向があります。

●参加志向の組織：対話と意思決定の共有

権力格差が小さい「参加志向」の組織では、リーダーとメンバーの距離が近くなります。「良いアイデアは、組織のどのレベルの人からも生まれる」という信念のもと、メンバーからの提案が歓迎されます。肩書きや地位ではなく、影響力や成果でリーダーシップを発揮することが期待されています。

このような組織では、メンバーは意思決定プロセスへの参加を求めます。「自分の意見が反映されていない」と感じれば、協力的にはなりません。

例えば、ＥＲＰシステム導入を日本本社が決定し、現場に通達したとしましょう。参加志向の強い拠点では、「なぜ事前に私たちの意見を聞かないのか？」と反発が起こるかもしれません。あるいは、表向きは従っているように見えて、実際には本社の方針に逆らう「面従腹背」の状態になることもあります。

この次元は、垂直的多様性を組織文化に活かすときに重要です。階層はどんな文脈の集団でも存在します。立場により物事の見え方が異なり、見解も違う。そこで一人ひとりの多彩な洞察をどのようにチームに活かすか。

組織においては、現場の人たちが最も多く適応を求められるというのが現実でしょう。しかし、本当に垂直的多様性を活かすなら、全員が何らかの適応をする必要があります。

特に、パワーを持つリーダーのＣＱが問われるのだと思います。メンバーの声に耳を傾け、適切に巻き込むことができるかどうか。それが、組織文化を作る上で、大きな鍵になります。

未知への対応（不確実性の回避／不確実性の許容）

未知への対応とは、予測できない状況に対してどの程度不安を感じるかを示すものです。不確実性を避けるのか、それとも受け入れるのか。この違いが、組織の意思決定や文化に大きな影響を与えます。

私がこれまで見てきた組織でも、多くの対立の背景には、この違いがありました。

●不確実性の回避：計画や明確な行動ルールによって不確実性を避ける

不確実性を回避する傾向が強いと、計画性、正確性、予測可能性を重視します。曖昧さを減らすために過去の事例を求めますし、明確な行動ルールを好みます。

ここで重要なのは、「不確実性の回避」と「リスク回避」は同じではないということ。不確実性は未知の危険性を対象としますが、リスクは既知の危険性を対象としているからです。

例えば、日本やドイツは不確実性の回避が高い国です。新しいプロジェクトを進める際も、リスクを徹底的に分析し、予備計画を綿密に立てます。こうした傾向は、品質の高い製品を生み出したり、安定した組織運営を実現したりする強みがあります。

ただし、ルールや手続きが重視されるあまり、柔軟な対応がしづらくなることもあります。新しい挑戦をする際にも、確実性が担保されないと動きにくいという側面もあるのです。

●不確実性の許容：不確実性を受容し、試行錯誤しながら前に進む

不確実性の許容では、「そもそも人生とは不確実性にあふれている」と考えます。多少の混乱や予測不能な状況でも動じず、新しい挑戦に前向きです。

不確実性の許容が高い文化では、成功するためにリスクを取ります。事前の計画よりも、試行錯誤しながら前に進むことを重視します。

このような組織では、詳細なマニュアルや手続きよりも、状況に応じた柔軟な対応が求められます。

ジェネラリストのように幅広く対応できる人が活躍し、「常識」や「経験」に基づいた判断が重視されます。

「新しいアプローチを試してみよう」「型にはまらない発想を歓迎する」という価値観のもと、挑戦や変化に対してポジティブなフィードバックが与えられることが多い

のも特徴です。

この違いは、リーダーシップのあり方や組織内のコミュニケーションにも表れます。例えば、新しいビジョンを伝えるとき、不確実性を許容する人たちは、簡潔でインスピレーションのある大局的なメッセージを好みます。

不確実性を回避する人たちは、具体的な計画やステップを求め、抽象的な説明では納得しません。

また、組織の手続きにも影響を与えます。

例えば、日本やドイツの企業、官庁や教育機関など、不確実性の回避を重視する組織では、詳細な手続きやルールを整備することで、組織の安定性が保たれています。

一方、不確実性を受け入れる文化では、手続きは最低限に抑えられ、状況に応じた柔軟な対応が求められることが多くなります。

動機付け要因（達成志向／生活の質志向）

人生や仕事で何を大切にするのか。この次元は、「達成志向」と「生活の質志向」という2つの極を軸に考えます。

●達成志向：成果と競争を重視

達成志向の文化では、成功・競争・目標達成に焦点が置かれます。「適者生存」の考え方が根底にあり、成果を上げた人が評価される仕組みになっています。収益の向上、昇進、業績評価、チャレンジする機会など、成果に直結するインセンティブが動機付けになります。組織内では、チーム同士を競わせることでパフォーマンスを引き上げようとすることもあります。

また、仕事が人生に占める割合が大きく、家庭よりも仕事を優先する傾向があります。長時間労働も厭わず、タスクの完了や締め切りの厳守を重視します。向上心や競争力が「美徳」とされる環境です。

●生活の質志向：人間関係とプロセスを大切にする

生活の質志向の文化では、ゴール達成そのものよりも、その過程をどう進めるかが重視されます。競争よりも協力や支援が大切にされ、育成的で支援的な人間関係の構築が、成果につながると考えられています。

成果を軽視しているわけではありません。しかし、「相互依存と他者への配慮こそが、最良の成果を生み出す」という考え方が根底にあります。

評価の基準も異なり、金銭的な報酬よりも、働きやすさや福利厚生など、生活の質を向上させるインセンティブが重視されます。例えば、家庭との両立を支援する制度、ワークライフバランスを保つための仕組みなどです。

また、謙虚さ・協力・奉仕・謙遜といった価値観が大切にされ、規則正しい勤務時間や、プライベートを尊重する文化が根づいています。

時間志向（長期志向／短期志向）

時間に対する考え方は、組織の戦略や意思決定のあり方に大きく影響を与えます。この次元では、「短期志向」と「長期志向」の違いを見ていきます。

●長期志向：未来を見据えた意思決定

長期志向の文化では、成功は時間をかけて積み上げていくものだと考えます。そのため、意思決定や投資、ビジョンの策定は数十年先を見据えたものになります。

「今の利益よりも、持続的な成長」「今日の意思決定が、将来の成果につながる」

このような考え方のもと、長期志向の組織は短期的な成果よりも、長期的な競争力の強化に目を向け、人材育成や関係構築に長い時間をかける傾向があります。

また、長期志向の文化では、忍耐・節約・継続的な改善が重視されます。短期的な変化に一喜一憂するのではなく、「大局を見据えて行動すること」が評価されるのです。

●短期志向：即時的な成果を重視

短期志向の文化では、目の前の成功や利益が重視されます。

キャッシュフロー、四半期ごとの業績、タイムリーな製品リリースなど、短期間での成果が求められます。

「今、結果を出さなければ意味がない」

「成功とは、目に見える成果の積み重ねである」

このような価値観のもと、組織はスピーディーな意思決定と成果の最大化を優先します。

例えば、米国の企業では四半期ごとの業績報告が重視され、短期間での収益拡大が株主や経営陣の関心の中心となることが多いです。

また、短期志向の文化では、成果主義・即時的なフィードバック・柔軟な対応力が求められます。

長い目で見た安定よりも、いかに速く成果を上げるかが評価のポイントになります。

どんな組織でも、短期と長期のバランスを取ることが重要です。

長期的な成功を見据えながら、短期的な成果をどう生み出すか。

短期的な成果に対して、長期的な視点からどのように評価を行うか。

例えば、短期的な利益を追求しすぎると、長期的な成長を損なう可能性があります。

一方で、長期的なビジョンに固執しすぎると、変化に対応できず競争力を失うこともあります。

時間志向の違いは、単なる「時間の長さ」の問題ではありません。

それは、「どのように価値を生み出すのか？」という組織の根本的な考え方の違いなのです。

人生の楽しみ方（充足志向／抑制志向）

人間には余暇や楽しみを持ちたいという基本的な欲求があります。この次元では、その欲求をどの程度自由に満たすことができるのかに注目します。

●充足志向：人生を楽しむことを肯定的に捉える

充足志向の文化では、楽しみや幸福感を積極的に追求することが大切にされます。職場でもポジティブな雰囲気が重視され、笑顔は人間関係の潤滑油だと考えられます。例えば、コップに半分の水が入っているのを見て、「まだ半分もある！」と前向きに捉えるのがこの文化の特徴です。

また、余暇や趣味、リフレッシュの時間が尊重され、ワークライフバランスも重視されます。「仕事も大切だけど、人生を楽しむことも同じくらい大事」という考え方が根づいているのです。

●抑制志向：厳格な規範と労働倫理を重視

抑制志向の文化では、楽しみや欲求をコントロールすることが重要視されます。社会のルールや規範が厳しく、自分の欲望よりも義務や責任を優先する傾向があります。職場では、笑顔は必ずしも歓迎されません。むしろ、冷静で真面目な態度こそがプロフェッショナリズムの証だと考えられることもあります。

コップに半分の水が入っているのを見て、「もう半分しか残っていない……」と慎重に捉えるのがこの文化の特徴です。

また、厳しい労働倫理を持つ傾向があり、「努力し、忍耐することが大切」「楽しみは後回しにするもの」といった価値観が強く根づいています。

どちらが正しいのか？この次元は、単に「明るい or 暗い」の違いではありません。充足志向の文化では、「楽しい雰囲気が創造性を生み、良い成果につながる」と考えます。抑制志向の文化では、「厳格な態度と努力こそが、成功をもたらす」と考えます。

どの価値観が適しているかは、状況や組織の目的によって異なります。例えば、創造的な仕事やサービス業では充足志向がプラスに働くかもしれません。一方、厳格な規律が求められる業界では、抑制志向のほうが適している場合もあります。

この違いを理解することで、組織の文化や人材マネジメントにおいて適切なバランスを取ることができるのです。

CQストラテジー（戦略）

共感を行動に落とし込むには、計画的な思考が必要です。

CQストラテジーは、**文化的背景を考慮した行動を計画化する力**を育みます。ここには計画を立てることだけでなく、現場で相手を観察することや、情報収集、行動後の内省なども含まれます。

文化的背景が異なる人が集まっている場合には、より戦略的なアプローチが求められます。たとえ経験が豊かだとしても、その経験だけに頼ったり、直感に従うだけの行動では支障をきたすでしょう。

私がビジネスパートナーである経営コンサルタントの金惺潤さんと共に取り組んでいるプログラムのひとつに、積水化学工業株式会社 高機能プラスチックスカンパニー（以下ＨＰＰＣ）のグローバルリーダー育成プロジェクトがあります。

ＨＰＰＣは、積水化学工業の主要事業のひとつであり、エレクトロニクス、モビリティ、インダストリアル分野などにおいて先進的な高機能プラスチック製品を提供するグローバルリーダーです。

特に、自動車向け部材やディスプレイ関連部材では世界トップクラスのシェアを誇り、北米・欧州・アジアを中心にグローバルな生産・販売ネットワークを展開。最先端技術と市場ニーズを融合させながら、持続可能な成長を追求しています。

こうした競争優位を維持・強化するため、ＨＰＰＣは次世代リーダーの育成に注力しています。

本プロジェクトの目的は、「グローバル市場で事業を成長させるために必要な力を獲得し、強いビジネスリーダーになること」です。

ＨＰＰＣは、グローバル経営を推進する中で、経営資源を最大限に活用できるリーダーには、「違いをポジティブな力へと変換する能力」が不可欠であると認識し、本プロジェクトを立ち上げました。

参加者は、各国の拠点で将来の事業を牽引する選抜メンバーです。1年間にわたり、人事・投資の意思決定、コンプライアンス、税制など、経営資源を効果的に活用するためのビジネスリテラシーを学びます。

本プロジェクトの最大の特徴は、単なる知識習得にとどまらず、経営の視点からCQを活用することです。

参加者は、拠点で直面する課題に対し、試行錯誤しながら連続的に意思決定を下していきます。その中で、インプットとアウトプットを繰り返すことで、カルチャーを自らのリーダーシップスキルとして活用し、グローバル環境での戦略的な意思決定能力（CQ戦略力）を高めていきます。

また、拠点・事業責任者の視点で実践的な経営判断を経験することで、経営者としての覚悟、インテリジェンス、そしてマインドセットを培います。

さらに、「異文化意識発達モデル」（第8章参照）を活用し、プログラムの開始時と終了時に参加者のCQの発達を測定。

その結果、全員がCQを向上させ、違いを相対化し、共創へと導く力を高め、グローバル環境で活躍するための自信と実力を獲得しました。

私自身、このプロジェクトを通じて、「異文化の違い」が単なる障害ではなく、適切なサポートと経験・内省のサイクルを経ることで、むしろ強力な武器となる瞬間を何度も目の当たりにしました。

CQアクション（行動）

共感は行動として実践されなければ意味がありません。CQアクションは、**状況に応じて行動を変える適応力と柔軟性**です。適切な言葉遣いや態度、非言語的なコミュニケーションの調整を通じて、相手に接します。

Googleには、勤務時間の20％を自分自身がやりたいプロジェクトに充てることを奨励する「20％ルール」があります。このルールは同社の「イノベーションの源泉」とも言われ、長年にわたり組織文化の重要な一部を形成してきました。

しかし、同社がアジアで採用活動を始めた当初、多くの候補者に「この20％ルールをどのように適用するか」と尋ねても、十分に答えることができない状況が見られました。「上司の指示に従う」（階層志向）や「リスクを避ける」（不確実性の回避）といった文化的価値観が主流の国々では、このルールの発想がなじみにくかったためです。

しかし、20％ルールを廃止することは、Googleのアイデンティティーや文化の中核を失うことを意味します。そこで同社は、このルールをグローバル標準として維持しつつ、現地の文化や状況に適応した形で運用する柔軟な仕組みを導入。アジアの従業員が自分たちの価値観や働き方に合った方法で、このルールを活用できるよう調整が行われました。

新型コロナウイルスのパンデミック後、グローバル全体でリソースが不足する中、このルールの運用方法は地域や部署ごとにさらに調整されています。

調整能力向上とストレスの軽減

ＣＱは、**多様な人々や状況の中で効果的に関係を築き、予測不能でカオスな状況を乗り越える力を高めます。**

ＣＱドライブは新しい文化に対する好奇心と、もっと知ろうという意欲を育みます。得た知識がＣＱナレッジとなり、ＣＱストラテジーの土台となり、そしてＣＱアクションが柔軟なコミュニケーションをもたらします。

ＣＱが高いと、新しい環境や多様性などの慣れない文化に直面しても適切な思考と感情を持つための支えとなり、強いストレスを受けることなしに、適応することを可能にします。ＣＱを高めると、「まあ、いいか」という柔軟な視点を持ちながら、さまざまな課題に対応できるようになります。

2002年以降、私は英国、スペイン、日本の3カ国で大小合わせて10回の手術を経験しました。各国の医療現場は文化的背景や慣習が異なり、適応力が求められました。

ロンドンの病院では、レバノン人やインド人の医師が執刀し、フィリピン、ナイジェリア、アイルランドなど、多国籍の看護師チームがケアを担当していました。このような多文化環境では、自分の意思を明確に伝えることが重要です。

一方、スペインのカタルーニャの医療現場では、患者中心のケアが徹底しており、術後に散歩したいときも、ナースステーションに一声かけるだけで対応してもらえました。対照的に、日本では病院の敷地内の海岸に出て風に当たることですら、毎回、医師の許可を得る必要がありました。

重篤な状況では、患者自身が医療専門家とチームを組むという感覚を持つことが非常に重要です。英国、スペイン、日本では、それぞれ異なる振る舞いが求められました。

また、各国での対話は示唆に富んでいました。英国では多国籍のナースチームの愚痴を聞いたり、スペインではカタコトのスペイン語を教わったり。日本でも病や死に対する各国の違いを話し合ったり。どの国でも誠心誠意の医療と看護を受けることができたのは、ＣＱのおかげだったと言えるかもしれません。

共感を基盤に生まれるルール

ＣＱの高い組織では、メンバーは自分のメガネを他者のメガネにかけ替え、起こっていることを観察し、相互適応する力を持っています。そのため共感を基盤としたルールや行動が自然と生まれますし、文化的な違いを尊重しながら効率的に働ける環境が出来上がることになります。

具体例をいくつか紹介しましょう。

例えばオンラインミーティング。参加者の国が異なるときには、全員のタイムゾーンを考慮します。私もよく、米国、アジア、欧州のメンバーとミーティングをします。このとき、誰かが深夜や早朝に参加する必要がないようにしますし、定期的な場合は時間帯を固定せずにローテーションを組むようにしています。

また、意思決定プロセスではどうでしょう。ある国際的な製薬企業では、会議の後に議論内容や決定事項を文書化し、全ての参加者に共有しています。これにより言語や文化の壁を超えた共通理解を促進しています。
さらにはフィードバックの方法。直接的なフィードバックを好むメンバーには明確な指摘を行い、間接的なコミュニケーションを好むメンバーには言葉を注意深く選んでフィードバックをするなど。CQの高い組織では、柔軟なガイドラインが用意されています。

他にも「チームメンバーの文化的な価値観や働き方の好みを理解するために時間を割く」「全員の意見を聞くために会議で順番に発言の機会を設ける」「特定の文化でなじみのある礼儀作法やコミュニケーションスタイルを尊重する」「チーム内での誤解を防ぐために、曖昧な表現を避ける」といったガイドラインもあります。いずれも共感を基盤に生まれているルールの例です。

CQを身に付けることで、多様性を活かした組織文化の可能性は無限に広がります。CQの高い組織では、こんな日常が流れます。

・異なる文化的背景を持つ顧客や同僚に対して興味を持ち、理解を示す
・多様性によって生じる対人関係の困難や不安を克服しながら、相手との信頼関係を築く
・多様性を考慮した意思決定を、戦略的に行う
・多様性に過度に遠慮した発言が少ない
・新しい環境や状況に柔軟に適応し、協働を進める
・合意できないときも、自分の意見を表明しつつ、相手を傷つけないように発言する

次章では、ＣＱを活かした組織文化の実践方法を具体的に探っていきます。

■ＣＱは「ドライブ（動機）」「ナレッジ（知識）」「ストラテジー（戦略）」「アクション（行動）」の４つから構成される
■組織文化の変革には、組織のリーダーの高いＣＱが欠かせない
■自他の文化の共通点や違いを認識する。それにより効果的なコミュニケー

ションや判断ができる
- 文化の違いを理解するときには「ホフステードの6つの文化次元」が有用
- 自他の文化的背景を考慮して、戦略的な行動計画を立てる
- 計画を基に、CQを踏まえた行動に移す

column

ビジネス以外にもCQを

サッカーJリーグでは、多くの外国人選手が活躍しています。彼らの活躍の背景にあるのは、「プロフェッショナリズム」や「優れた人間性」だけではないそうです。岡山理科大学の久永啓准教授は2022年、「Jリーグにおける外国人選手の活躍の要因に関する調査」を実施。これによると、プロフェッショナリズムなどを活かすためにも、文化的背景の違いを考慮するCQの視点が重要だと言います。

また、2023年に、15歳以下のサッカー中国代表を率いた日本の中村雅昭氏。中村氏は就任前にCQを学び、日本と中国の文化的価値観の相違を認識した上でチームづくりに臨みます。そして同年、東アジアサッカー連盟によるEAFF U15（15歳以下）男子選手権では、中国代表が優勝を果たしました。

このようにCQが活きる場面は何もビジネスだけとは限りません。

米国国防総省では、CQを特殊作戦部隊の訓練に取り入れています。その結果、隊員たちの異なる文化間での適応力が向上し、新しい環境に慣れるまでの時間が劇的に短縮されたと報告されています。[31]

部隊で行っているCQトレーニングを、私もシカゴで一度、模擬体験しました。与えられたテーマは「対象国の文化的価値観が米国とどう違い、どう同じかを、5分以内で簡潔に説明する」というもの。参加者ごとに割り当てられた対象国があり、その国の高官との交渉を想定した説明を求められました。

6次元にさらに4つの切り口を加えて分析し、瞬時に相手の文化的背景を理解し、それを的確に伝える力が求められるこのトレーニングは、実に刺激的で奥が深いものでした。文化の違いを超えて、つながるために、知識だけでなく、それを活用する知恵が求められるのだと改めて実感しました。

他にも子供を通じた学校や地域での交流、世代をまたいだ人付き合い、家族や一緒に過ごすパートナーというごく身近な存在まで。パートナーへの家事の不満も、実は異なる文化的背景が生み出している可能性は十分にあります。
ＣＱが活用できる場面は多岐にわたります。

31 David Livermore, Leading with Cultural Intelligence 3rd Edition: The Real Secret to Success, HarperCollins Leadership, 2024

第7章

共創の組織文化を醸成する

調和の中にこそ真の強さがある。

仏教の教え

4つのステップを回す

■組織文化醸成の4つのステップ

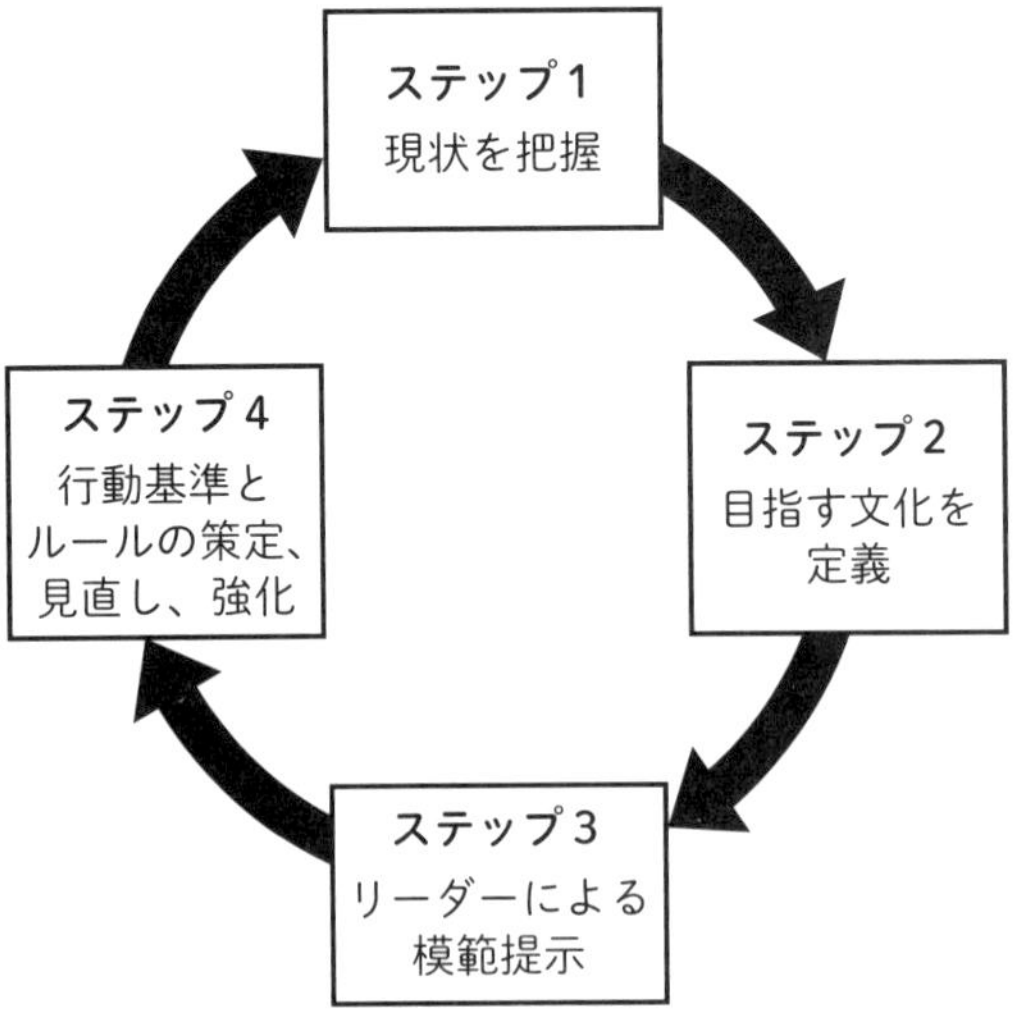

不安定な現代には、多様性を持ち合わせた上で自律と共創を実現する組織文化が求められています。そこでは心理的安全性と知的誠実性を共存させる必要があり、鍵となるのがCQであることをこれまでの章で述べてきました。

ではは具体的にそれをどのように組織文化として形づくっていけばいいのか。本章では具体的に見ていきます。

CQの高い組織文化を醸成する。そのためには、次の4つのステップを回していくことになります。

ステップ1：現状を把握
ステップ2：目指す文化を定義
ステップ3：リーダーによる模範提示
ステップ4：行動基準とルールの策定、見直し、強化

まずは現状を把握し、次に行動につなげるための明確な道筋を見定め、そして具体的な行動へと移していきます。

この章では、架空の企業をモデルとしながら説明を進めます。モデルとするこの企業のパーパスは「全ての人に、安心してチャレンジできる場を提供する」。これは「心理的安全性と知的誠実性の共存」という価値観の表れです。この点で汎用性の高いモデルだと考えます。また、ご自身の組織とは異なると思うことがあっても、ステップの進み方などの原則的な部分は多くの組織に当てはめることができるでしょう。

ステップ1 現状を把握

まずは現状の把握からスタートします。

ここで活用するのが前章のCQナレッジの項目で紹介したホフステードの6次元モデルです。6次元モデルを通してみることで、組織の文化を様々な角度から捉えることができます。

以下、各次元について具体的にスコア化するための質問を用意しました。それぞれの質問を「私の職場では」という観点から、5点満点でスコアを記入します（5：非常にそう思う、4：そう思う、3：どちらともいえない、2：思わない、1：全く思わない）。

モデル企業の例では「『全ての人に、安心してチャレンジできる場を提供する』というパーパスがどのくらい実現できているか」という、チームや組織の現状を理解するところから始めます。各次元「平均点が3・0以上なら高い」というように見ます。

以下の各次元に記したポイントは、主にモデル企業に則したものに絞っていますが、参考にできるものも多いと思います。

個人主義／集団主義

個人のアイデアが大切にされると同時に、チーム全体で支え合う文化があれば、自律と共創の基盤が整っています。合計点数が高いと集団主義、低ければ個人主義です。

それぞれの質問を「私の職場では」という観点から、５段階でチェックしてみましょう

5	4	3	2	1
非常にそう思う	そう思う	どちらともいえない	思わない	全く思わない

人々が自分の組織に強い忠誠心を持っている □

連帯感と社会的なコントロールが重視されている □

最高の組織の比喩として、家族が使われる □

迅速な決断よりもグループの調和を維持する □

本当に思っていることを口にするよりも、賛成したり黙っていたりするほうがうまくいく □

↓

「個人主義／集団主義」次元の平均点 □

階層志向／参加志向

上司やリーダーに自由に意見を言える環境はありますか？垂直的多様性のことを思い出してください。メンバーの意見が尊重される環境があれば、挑戦する安心感が生まれます。合計点数が高ければ参加志向、低ければ階層志向です。

それぞれの質問を「私の職場では」という観点から、５段階でチェックしてみましょう

5	4	3	2	1
非常にそう思う	そう思う	どちらともいえない	思わない	全く思わない

部下の意見は上司の意見と同じくらい重要だと考えられている □

上司の意思決定の前に、メンバーの意見が求められる □

自分の職務内容や役割を自ら構築することが期待されている □

上司に自由に意見を述べることが普通で、誰が管理し誰が管理されているのかが曖昧である □

対話を通じて組織の変化が徐々に進められる □

↓

「階層志向／参加志向」次元の平均点 □

不確実性の回避／不確実性の許容

失敗を恐れず、前向きに捉えられる雰囲気はありますか？失敗しても大丈夫、と思えると、新しい挑戦に踏み出しやすくなります。

合計点数が高ければ不確実性の許容、低ければ不確実性の回避の傾向があります。

それぞれの質問を「私の職場では」という観点から、５段階でチェックしてみましょう

5	4	3	2	1
非常にそう思う	そう思う	どちらともいえない	思わない	全く思わない

混沌《こんとん》や曖昧さに柔軟に対応することが奨励される □

あらゆる状況に対応できるジェネラリストが重宝されている □

意思決定前に、可能性のある全ての状況とその結果を考えてみることが必要とは考えられていない □

ルールと規制は創造性とイノベーションを妨げると考えられている □

上司は方向性を指示するが細かく指示は出さず、メンバーに仕事を任せる □

↓

「不確実性の回避／不確実性の許容」次元の平均点 □

達成志向／生活の質志向

成果だけではなく、挑戦のプロセスも評価される組織文化ですか？挑戦してみて良かった、と思える環境が整っていると、メンバーは安心してチャレンジできます。合計点数が高ければ生活の質志向、低ければ達成志向です。

それぞれの質問を「私の職場では」という観点から、５段階でチェックしてみましょう

5	4	3	2	1
非常にそう思う	そう思う	どちらともいえない	思わない	全く思わない

対立を解決する最良の方法は譲歩と交渉だと考えられている □

快適な作業環境や良い同僚、支援的な上司がモチベーションを高める □

どちらかといえば競争よりも協調を規範とする □

地位や性別、年齢に関わらず、人々は平等に行動することが求められる □

上司・部下間や同僚間で意見や考えを自由に共有できる環境がある（例：コーヒータイムなど） □

↓

「達成志向／生活の質志向」次元の平均点 □

長期志向／短期志向

短期的な成果だけでなく、長期的な成長を見守る組織文化があれば、挑戦はさらに意味のあるものになります。合計点数が高いと長期志向、低ければ短期志向の傾向があります。

それぞれの質問を「私の職場では」という観点から、5段階でチェックしてみましょう

5	4	3	2	1
非常にそう思う	そう思う	どちらともいえない	思わない	全く思わない

今年の利益よりも来年の利益のほうがより重要である □

利益剰余金は投資に回す □

うまくいっていない従来のやり方は、その背景や影響を分析して計画的に変更する □

新しい製品やサービスは、すぐに利益を生まなくても様子を見る □

数年後に結果が出ることが保証されていれば、現時点では社内で評価されなくてもいい □

↓

「長期志向／短期志向」次元の平均点 □

充足志向／抑制志向

仕事の中で楽しさや充実感を感じられる場面はありますか？挑戦すること自体が楽しい、と思える組織文化があることも、メンバーの背中を押します。点数が高いと充足志向、少ないと抑制志向の傾向があります。

それぞれの質問を「私の職場では」という観点から、5段階でチェックしてみましょう

5	4	3	2	1
非常にそう思う	そう思う	どちらともいえない	思わない	全く思わない

ネガティブな体験は簡単に忘れる □

私にとって、余暇は仕事と同じくらい重要だ □

仕事に楽しく取り組んだほうがいいと考えられている □

ほとんどの人を信頼できる □

笑顔が多いほうがいいと考えられている □

↓

「充足志向／抑制志向」次元の平均点 □

ステップ2 目指す文化を定義

現状を把握した後、次は「私たちはどんな組織文化を育てたいのか」を考えます。パーパス「全ての人に、安心してチャレンジできる場を提供する」を実現するための3つの関わり方を考えるステップです。3つとは、第1章でも触れた①仕事、②組織内、③組織外です。

チームで対話をしながら、6次元モデルを活用して、パーパス実践に最適なチームの「こうありたい」を具体的にイメージしていきます。

メンバー間の協力やコミュニケーションの取り方、リーダーシップや意思決定のスタイル、目標達成に向けた役割分担やタスクの管理方法など。

「未来の理想チーム」を描くワークショップを開き、全員で目指す姿を共有します。チームが目標を効率的かつ生産的に達成するための仕組みや合意事項を、具体的な行動基準まで落とし込み、日常業務に組み込んでいきましょう。

CQの高いチームでは、行動に柔軟性を持たせることが大切です。

例えば、自律を目指して知的誠実性を高めるために「メンバー全員が自分の意見を持ち、切磋琢磨しながらチームに貢献する個人主義の組織文化」を目指したとしましょう。しかし口頭での発言が苦手なメンバーは、居心地の悪さを感じるかもしれません。この場合、そのメンバーも意見表明できるように、チャットなどの別のチャネルを用意するなど、違いを尊重しながら、全員が柔軟に意見を出せるような仕掛けを考えてみましょう。

CQの高い組織文化を実践していく場合、メンバーには時に、居心地の良いコンフォートゾーンの外へ踏み出した行動を求めることになります。

以下は各次元から見るポイントと具体的な行動例を挙げていきます。各次元「モチベーション」「コミュニケーションスタイル」「意思決定」「フィードバックの好み」「対立のマネジメント」の5点について、どのような行動や思考を取る組織文化なのか、イメージしましょう。各項目、現在のチームはどちら側に寄っているのか、そしてどのようにありたいかを見ていきます。

個人主義		集団主義
個人のインセンティブ	モチベーション	グループのゴール
直接的、素早く対応	コミュニケーションスタイル	間接的、時間がかかる
独立独歩	意思決定	コンセンサス
個人の承認、成長の機会	フィードバックの好み	グループの評価
直接的な対立、個人の説明責任	対立のマネジメント	グループの調和とコンセンサスによる仲介

個人主義／集団主義

個人で仕事をするのを好むのか、共同で仕事をするのを好むのか。充実感が得られるのは、個人での成果か、チームのものか。

個人の挑戦を尊重しつつ、チーム全体で成功を共有する文化にするには、どんな行動が必要でしょうか。それぞれ考えてみましょう。

【モデル企業での具体的な行動例】

・個々の目標とチームの目標をつなげる仕組みを作る
・意見を率直に述べる
・直接的なコミュニケーションが苦手な場合は、メールやチャットなどの他のチャネルを用意する

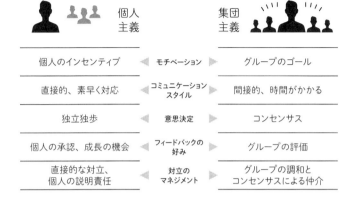

階層志向		参加志向
権限と地位	モチベーション	影響力と結果
形式的で敬意を重んじる	コミュニケーションスタイル	カジュアルで参加型
トップダウン型	意思決定	協働型
構造化され、階層的な方法	フィードバックの好み	オープンな平等主義的な方法
リーダーに従い、リーダーに仲介してもらう	対立のマネジメント	オープンな議論と協働による解決

階層志向／参加志向

リーダーの方向性に疑問を投げかけることに、どの程度の快適さを感じるでしょうか。リーダーとのやり取りは、形式ばったスタイルとカジュアルなスタイルではどちらを好むでしょうか。

モデル企業の場合は、誰もが意見を自由に言えるフラットな組織を目指します。

【モデル企業での具体的な行動例】

・ミーティングでは全員が平等に発言できる時間を確保する
・上司や同僚のアイデアに対して建設的なフィードバックを提供する
・会議中に発言しなかったメンバーに対して、後で個

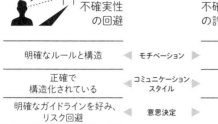

不確実性の回避		不確実性の許容
明確なルールと構造	モチベーション	即興性と適応性
正確で構造化されている	コミュニケーションスタイル	柔軟で適応型
明確なガイドラインを好み、リスク回避	意思決定	リスクと曖昧さを受け入れる
公の場で詳細	フィードバックの好み	カジュアルに、いつでも
決められたプロセスとルールの遵守	対立のマネジメント	柔軟なアプローチと交渉

別にフォローアップを行い意見を収集する

不確実性の回避／不確実性の許容

プロジェクトに予期していない変更が生じたらどのように対処をしますか。また、詳細な計画があったほうが安心するのか、それよりも柔軟なガイドラインがいいか。

「失敗を恐れず、挑戦を楽しめる文化」をモデル企業では育んでいきます。

【モデル企業での具体的な行動例】

・失敗談をみんなで共有する「フェイルフォワード会議」を開催、失敗からの学びを表彰する

達成志向		生活の質志向
達成と成功	モチベーション	成功の共有、相互支援
断定的で結果志向	コミュニケーションスタイル	協力的で支援的
戦略的な意思決定と競争優位性	意思決定	グループの合意と相互合意
目標を伴うモチベーション付け	フィードバックの好み	育成的で支援的
Win/Lose（一方が得をして他方が失う解決方法）	対立のマネジメント	Win/Win（双方が得をする解決）

・予期せぬ事態が発生した場合は、できるだけ早く共有し、チームで支援する
・失敗から学べるように、記録を残す

達成志向／生活の質志向

チームのメンバー間の切磋琢磨や、他のチームとの競争について、どのように感じるでしょう。
モデル企業のケースでは、結果だけでなく、挑戦の過程も評価され学びにする環境を大切にする必要があります。

【モデル企業での具体的な行動例】

・「挑戦した姿勢」を評価する新しい制度を導入する

長期志向		短期志向
将来の成功と長期的な目標	モチベーション	短期的な成果と即時的な報酬
将来の影響と戦略的計画に焦点を当てる	コミュニケーションスタイル	現在の課題と即時的なフィードバックに焦点を当てる
長期的な計画と先見性	意思決定	短期的な考慮と迅速な意思決定
戦略的かつ将来を見据えたフィードバック	フィードバックの好み	即時的で実行可能なフィードバック
長期的な解決と戦略的な調整	対立のマネジメント	即時的な解決と迅速な対応

長期志向／短期志向

組織では短期的な成果と長期的な利益のどちらをより優先しますか。現在のタスクと将来の計画。これらをどのようにバランスを取るでしょうか。

モデル企業は、長期的な成長を重視する文化を目指します。

【モデル企業での具体的な行動例】

・3～5年先のキャリア目標を定期的に話し合う場を設ける

充足志向／抑制志向

コップに入った半分の水を「まだ半分」と見るか、

充足志向		抑制志向
楽観的で前向きな姿勢	モチベーション	短期的な成果と即時的な報酬
笑顔は当たり前、明るくオープン	コミュニケーションスタイル	寡黙、警戒心が強い
楽観的	意思決定	悲観的、問題点をクリアしないと先に進まない
笑顔のあるポジティブなフィードバック	フィードバックの好み	冷静で真面目なフィードバック
明るく解決する	対立のマネジメント	秩序を保ち厳粛に解決する

「もう半分しかない」と見るか。充足的か抑制的かを考えます。

「楽しさや充実感を感じられる文化を作ろう」と考えるのがモデル企業のケースです。

【モデル企業での具体的な行動例】

・挑戦を楽しめるイベントを定期的に開催する

ステップ1、2で6次元モデルを活用し、定量・定性データをまとめることで、組織文化の醸成の進捗度合いを具体的に測ることが可能です。

例えば現状は、全体のスコアが5点満点中2・8だとしましょう。続いてステップ2で目標値を具体的に設定することがポイントです。「半年後に3・5」などと定める。すると、組織文化が見える化できますし、振り返りと改善が可能になります。文化の浸透度を測れるのです。

目指すスコアはそれぞれの組織で目指すものに合わせて各次元で「1・5」「4」などと変わります。定性的な内容を定量データで補完することで、文化醸成の取り組みが、より具体的で効果的になります。

モデル企業では「全ての人に、安心してチャレンジできる場を提供する」というパーパスが、全員の行動を通じて根付いていくプロセスを支える仕組みができます。

ステップ3 リーダーによる模範提示

組織文化は動的なものです。文化の醸成は、一過性の取り組みではありません。粘り強く継続していくもの。そこで重要な役割を担うのがリーダーです。

組織のリーダーが組織文化を体現することで、メンバーには指針が与えられ、信頼感が生まれます。

リーダーの主な役割のひとつは、チームが組織文化を「日常」にできるように導いていくことです。特に、ストレスや多忙さが極まってくると、メンバーそれぞれが望むやり方に戻りがち。定期的に対話し、新しいメンバーが加わるたびに適切な調整を行う必要があります。


ではモデル企業がパーパス「全ての人に、安心してチャレンジできる場を提供する」を実現するためには、どんなリーダーシップが求められるでしょうか？

この場合、例えば以下の2次元が特に重要となります。

階層志向／参加志向

リーダーは意見をオープンに聞き入れる姿勢を見せましょう。水平的な多様性を活用するときに、特に重要です。

例えば、会議では参加者全員が平等に発言できる場を作ります。リーダーは一人ひとりが「意見が受け入れられた」と感じられるような聞き方（アクティブ・リスニング）をします。

またメンバーが、コンプライアンス違反などの問題提起を行ったとしましょう。このときリーダーは具体的な解決策や進捗をフィードバックし、提案を歓迎することを明確に表します。

不確実性の回避／不確実性の許容

未知への対応という点で、リーダー自身が失敗を恐れない姿勢を示します。これにより「挑戦を楽しむ文化」を促します。

リーダーは自らの挑戦とその学びを率直にチームへと共有。同時にミスや改善点もオープンにします。失敗からの学びをテーマに、メンバーと対話します。

リーダーが挑戦を恐れず実行し、同時に挑戦への不安や弱みを共有することが、組織に心理的安全性と知的誠実性を与えます。模範行動を示すことが重要です。また、フィードバックの仕組みを作り、メンバーから定期的にリーダーの行動に関するフィードバックをもらい、改善に役立てるとさらに機能します。

ステップ④ 行動基準とルールの策定、見直し、強化

4つ目のステップは、具体的な行動基準の策定、見直しと強化です。

理想とする組織文化を根付かせるためには、**日常業務に組み込める具体的な基準が必要**です。6次元モデルを通して、メンバー全員が一貫して行動できる基準を設定します。

行動基準を定めるということは、評価基準を定めることも意味します。組織ではどのような行動を評価するのか。

「達成志向／生活の質志向」という次元から見ると、達成志向は結果を評価し、生活の質志向では対照的に、過程で協力的だったかなどとプロセスを評価します。モデル企業では、個人の挑戦を尊重し、チーム全体でその成果を共有します。そこで、挑戦の結果だけでなくプロセスを評価するルールを設定。「挑戦する姿勢」を評価項目に追加します。

また、「個人主義／集団主義」という次元からも見てみましょう。モデル企業では、個人の挑戦を尊重し、チーム全体でその成果を共有する組織文化を推進します。そこで具体的には、個々の挑戦を可視化する「挑戦ボード」を設置するなどします。

他にも具体的に、「時間厳守」「意見を否定しない」「挑戦を称賛する」など、全員が守るべき基準を明確にします。さらに業務へと組み込み、日常的に実践できるように、1on1やミーティングで振り返りの場を設けます。

表（次ページ参照）は、モデル企業を例にとった具体的なアプローチです。

心理的安全性がある組織では、自分の考えを安心して表現できます。しかし、知的誠実性がなければ、違いから新しい価値を生み出すことは難しい。この2つが共存すれば、組織文化は多様性を力に変えることができます。それを可能にするのがCQです。

■行動基準とアプローチの例

項目	目的	アプローチ
定期的な確認	行動基準が実際に機能しているか、改善が必要かを確認する	・チーム全体の定期的なミーティングをスケジュールし、決まり事に関する意見交換の場を設ける ・各メンバーが決まり事の効果や課題について率直に話せる環境を作る
オープンなフィードバックシステムの導入	行動基準に対する満足度や改善案を収集する	・アンケート調査：匿名の形式で決まり事に関するフィードバックを収集する ・提案ボックス：メンバーがいつでも提案や懸念を共有できる仕組みを設置する ・ワークショップ：フィードバックを基に決まり事の見直しや改善案を話し合う
行動基準のモニタリング・表彰	行動基準実践の重要性を強調し、ポジティブな行動を促進する	・ミーティングで、模範的に実践しているメンバーを公開で称賛する ・チーム全体で達成された成果を祝う際、行動基準がどのように寄与したかを明確にする ・個別の感謝メッセージやインセンティブ（例：特別な休暇、表彰状）を提供する
行動基準違反への対応	行動基準を単なる理想に終わらせず現実的に実践されるための仕組みを作る	・行動基準違反が発生した場合、速やかに対応し、透明性を確保する ・初回は非公開で注意喚起を行い、再発時にはグループ全体に対処方針を共有する ・違反による影響を分析し、必要に応じて基準そのものを見直す

CQを組織に展開

CQの高いチームが立ち上がり始めたなら、いよいよ〝ここから〟です。共創のためには、新しい提案、既存の在り方に挑戦するような提案は不可欠です。提案したメンバーが報われる仕組みを作る必要があります。

第9章の事例に登場する、著者が支援したマレーシア味の素は、その好例と言えるでしょう。待ちの姿勢が主だったところに「自分で考える」ことを奨励。マレーシア人の社員たちとの対話セッションでは、取材時、組織のトップであった大澤理一郎氏から「あなたたちのほうがマレーシアのマーケットを分かっているはず。『こうすべき』と思うことを言ってほしい」と話します。大澤氏はさらに、それまでは日本人がマジョリティだった経営会議を、マレーシア人がマジョリティになるように仕組みを変更。同時に会議では、日本人メンバーがあえてトップに反論するという姿も見せています。その他、多岐にわたる施策を打った結果、同社では自律的なメンバーが増え、共創を重ねる組織文化が醸成されつつあります。

目指す組織文化の醸成を阻む仕組みがあれば、変えなければなりません。年功序列の人事、永遠に続くかのようなダラダラとした会議、見るからに意味のない報告書の提出、必要ない報連相など。非効率な慣行をなくすための決まり事を作ります。

組織文化の醸成は、終わりのない旅です。不断の変革と、たゆみない実践を欠くわけにはいきません。

- CQの高い組織文化を醸成するためには4ステップを回していく
- まずはホフステードの6次元モデルにより「現状を把握」する
- 6次元モデルを活用し、チームで対話しながら組織が「目指す文化を定義」する

■「リーダーによる模範提示」により、メンバーに指針を与え、信頼感を築く

■日常的な業務のやり方などについて「行動基準とルールの策定」を行う

column

7つの組織モデル

ホフステードの6次元のうち、組織文化を考えるにあたって、最初に押さえておきたいのが「階層志向／参加志向」「不確実性の回避／不確実性の許容」の2つです。

組織で物事を進めるにあたっては「誰が何を決めるか」「業務遂行の構造と必要な手続きは何か」に答える必要があるからです。前者には「階層志向／参加志向」の次元が関係し、後者には「不確実性の回避／不確実性の許容」が関係します。

2つの次元の組み合わせにより4つの傾向が現れます。さらに他の次元も組み合わせると、7つの組織モデルとして表現できます。以下に各モデルを、影響を与えている次元、その組織文化がよく見られる国の例、キーワードと特徴を挙げます。

コンテスト型

「自由でフェアな競争環境」が何より重要な組織です。適者生存で「競争の自由を与えれば、成果はついてくる」。ビジネスは短期的なゲームであり、目に見えるアウトプットを得るために戦うというマインドセットがあります。

仕事の目標と内容は、リーダーとメンバーの交渉により決まります。その目標を基準に業務の達成度を判断。問題が発生すれば、おおむね直接的なコミュニケーションを通じて解決に臨みます。

●個人主義／参加志向／不確実性の許容／達成志向／短期志向
●米国、英国、アイルランド、オーストラリア、ニュージーランドなどのアングロサクソン文化圏
●自立、自由、平等、フェアな競争、勝利、成果を出す、卓越している、成功のためのリスクテイク、地方分権、二大政党

ネットワーク型

個性、多様性、個人の表現を大事にします。良い提案と多くの支持をかけ合わせることで効果が発揮されると考え、合意できるところを探します。

誰もが平等ではなく、それぞれは異なりますが、誰もが同等の価値を持っているという等価性を重視します。

お互いの独立の尊重、メンバー間の関係性の質、協働を支援する労働環境などが大切にされ、そのために様々なステークホルダーの利害調整にエネルギーを注ぎます。

●個人主義／参加志向／不確実性の許容
●オランダ、北欧、バルト三国、アイスランド
●自立、自由、同等、協力、関係、支援、同意、妥協、相互依存、コンセンサス、コーディネーション、貢献、幸福、自慢しない、博愛、善行、進取の精神、地方分権、連立政権

性能の優れた機械型

メンバーは、チームというシステムの一部。他のメンバーとの相互作用で効率的に目的を達成できるように、全体像を把握しようとします。明確な目的、方針、手続き、プロセスの確立を重視。これを遵守して秩序を保つことが求められます。リーダーからの指示に、部下は「目的は？」「なぜ私が？」。合理的な理由がないと、部下は仕事を引き受けません。引き受けるなら自分で完結したいと考えるため、必要な裁量を与え、進め方や内容に曖昧な点がないことを確認します。計画段階で見通せない予想外の出来事が起これば、専門家に相談。同時に、計画と管理方法の見直し・修正を行い、予測外の問題が再び生じないようにします。

●個人主義／参加志向／不確実性の回避
●ドイツ、ドイツ語圏スイス、チェコ、オーストリア、スロバキア、ハンガリー
●自律、平等、構造、原則、予測／予見性、システム構造化、客観性、情報分析、透明性、品質、時間厳守、地方分権、連立政権

家族型

チームの関係が家族のように親密。不確実性を恐れず、変化には柔軟に対応し、迅速に成果を上げることが可能です。

リーダーの意思決定はトップダウン型です。リーダーが定めたチームの方向性と枠組みの中で、メンバーは目標達成に向けて自主性を発揮します。

忠誠心が組織の基盤。リーダーは親のような存在であり、メンバーへのサポートや細やかなケアを行います。

また、このモデルの組織では、沈黙はコミュニケーションのひとつの形です。沈黙は質問に対して考察していることを意味します。

●集団志向／階層志向／不確実性の許容
●インド、中国、マレーシア、ベトナム
●階層、トップダウン、忠誠、信頼、メンツ、集団の利害、長期的な関係、調和、暗黙のコミュニケーション、非言語のサイン、親のようなリーダー、柔軟

太陽系型

組織の階層を容認する一方で個人を重視するという絶妙なバランスを保ちます。リーダーとメンバーの関係は太陽系さながら。個々の惑星は自転していますが、中心のリーダーという太陽の影響を受けて公転し、離れることはありません。

議論では、まず主張や命題が、次に対立する主張・命題が示されます。続いて、それらを突き合わせ、より高次元の結論へと統合していきます。組織にとってこのプロセスはゲームのようなもの。反論や疑問を繰り返し、ベターな結論を目指します。また議論や交渉だけに終わらせず、それを通じて巧みに関係性を構築し、高次元にまとめあげることも得意です。

●個人主義／階層志向／不確実性の回避
●フランス、ベルギー、北部イタリア、ポーランド
●階層、トップダウン、能力、中央集権、名誉、緊張、エリート教育、トップリーダーの重責、効率的な官僚主義、自己実現、抽象的、我思うゆえに我あり

ピラミッド型

この組織では誰もが階層の存在を当然のものとして認めています。意思決定、指示命令はトップダウン型です。

中央集権化の傾向があり、階層をまたぐコミュニケーションは、フォーマルな形式を取ります。上位層の人たちが行った決定を下位層の人たちがしっかり履行しているかどうかを重視しています。

●集団主義／階層志向／不確実性の回避

●ラテン・アメリカ諸国、中東諸国、アフリカ諸国、ポルトガル、ロシア、韓国、タイ

●階層、トップダウン、中央集権、忠誠、尊敬、評判、メンツ、トップの利害、暗黙のコミュニケーション、非言語のサイン、厳格な親のようなリーダー、官僚主義、構造・形式、検閲

職人型

これまでの組織モデルのどこにも属さず、1カ国でひとつのモデルを形成するのが日本です。日本は達成志向と不確実性の回避が世界でも際立って高い国です。仕事は人生の大切な要素。一生懸命頑張って働く人の多い組織です。ミドルマネジメントはトップと現場の双方の声をよく聞き、調整する役割を担います。個々人が専門性やスキルを磨き、自己啓発にも熱心です。それだけに頑張りすぎて長時間働いたり、「まだまだダメだ」と思ってしまったりすることもあります。

●個人主義・集団主義（中庸）／階層志向・参加志向（中庸）／不確実性の回避／達成志向／長期志向

●日本

●ミドル・アップダウン・マネジメント、業績達成志向、報連相、モノづくり、カイゼン、安心と安全、ルールと規制、「個」の前に「集団」、勝ち組、空気、石橋を叩く、家庭より仕事

第8章

分極化の時代に

Perfect happiness arises only when
the individual and society are in harmony.

完全なる幸福は、個人と社会が調和したときにのみ生まれる。

ルソー

内向きによる難しさ

「日本はかなり内向きになっているのではないか」

私は12年の間、国外で過ごし、2021年に帰国しました。当時、直感的に抱いた思いは、その後強まっています。パンデミック、気候変動、戦争や紛争など。世界中で不確実性が加速しています。

日本は、世界でも突出して不確実性を回避したいという傾向の強い国です。この傾向が強いと、不安が増したときには外で起こっていることを直視しません。内向きになり、違いに目を背け、既知の枠組みを守ろうとする力が働きます。度重なる企業の不正問題も「失敗しないために」という不確実性の回避の高さが「不正」というリスクを取らせていると言えるでしょう。

社会、政治、経済など。あらゆる領域で意見は大きく割れ、激しい対立がソーシャルメディアで繰り広げられます。ビジネスの世界へは、不正、不買運動、職場内での協力の難しさなどの形に波及しています。

激変する時代。内と外を切り離してパフォーマンスを発揮することは、ますます難しい。国外、社外、他部署で起きていることを無視はできません。

「自分たちの職務には直接、関係ありません」

「こんなときは、今の自分たちの役割に集中するのがベストです」

このような声もしばしば聞きます。

確かに、外の課題に対して自分たちができることは少ないのかもしれません。そのために「動いたところで意味がないのなら」という発想が生まれているのかもしれません。

しかし、**不確実性は日常そのもの**です。

どんなことが起こるか分からない現代に、「関係ない」「自分に集中する」という内向きのアプローチは、持続可能ではありません。特にリーダーには「状況を冷静に分析し、管理し、より健全な議論を通じて行動し組織を守る」役割があります。

「怒りの時代」とCQ

オックスフォード大学の公共政策プログラムディレクター、ラマンナ教授は、現代を「怒りの時代（The age of Outrage）[32]」と呼び、3つの要因を挙げました。

1つ目は「未来への恐れ」。気候変動、人口動態、移民問題、AIの進歩とそれに伴う仕事の激変など、多くの人々は「未来は明るくない、子どもたちが大人になる頃は今より快適ではない」という不安を抱えています。

2つ目は「制度への不信」。世界中で既存の政府やリーダーへの信頼が揺らいでいます。至るところで政治や既得権益への強い不信があります。私は過去2年間、立命館アジア太平洋大学の非常勤講師として、250人を超える留学生にCQをベースにした組織開発とリーダーシップを教えていました。中国、東南アジア、中央アジア、中東、アフリカ、太平洋諸国から来た留学生たちからは「政府や既存制度が自分たちのために機能していない」という切実な声が聞かれました。

そして3つ目が「他者排除」。知識の追求を通じて人生の大きな課題を解決し、共存できると考えられていた時代は過ぎ去りました。「我々対彼ら」という部族的本能の時代に戻り、分極化が加速しています。

部族的本能は、大抵の場合、競争や排除につながるネガティブな要素として扱われます。しかし、部族的本能の中核には、共感や相互理解があります。違いによる対立は避けられません。**オープンな対話を通じ、対立を建設的なプロセスとして活用することができるかどうか**。CQが高ければ、チームにいる全てのメンバーが、自分の価値が認識され、受け入れられていると感じる組織文化を作ることが可能です。

32　Karthik Ramanna, The Age of Outrage: How to Lead in a Polarized World, Harvard Business Review Press (2024/10/29)

予測不可能な中でどう動くか

第2章では現代はＶＵＣＡを超えたＢＡＮＩの時代に向かっているとしました。脆弱性、不安、非線形性、不可解というＢＡＮＩの時代には回復力、共感力、即興力、多様な視点が、対策の鍵でした。

変化は避けられないという事実に抵抗するのではなく、受け入れる回復力。

自分の見方が他者とどう異なるのかを想像して理解する共感力。

予測不可能な状態において、柔軟に思考や行動を適応させ創造的な解決策を生み出す即興力。

物事をメタ視点で多角的に捉え、客観的に考える多様な視点。

何か起こったときに、適切な分析と調整ができるよう、また自分では気付けないことを指摘し助言してもらえるように、潜在的な対立者となり得るステークホルダーを探して信頼関係を築いておくことも重要です。

「分断が進み、不安で因果関係が分からない、理解不可能な状況で、多様な視点を取り入れた、従来の枠組みにとらわれない柔軟で適切な意思決定をするには？」

「自らの価値観を押し付けるのではなく、多様な視点を受け入れ、対話を通じて共同解決するには？」


ＢＡＮＩに対応する組織文化に重要なのは垂直的多様性の活用です。

組織のどこでどんな問題が起きるのかを全て予測することは不可能です。その時々に起こる問題に、最も大きな影響を受けるチームに意思決定の権限を委譲できるかどうかが、問われます。リーダーがチームに十分な裁量を与えて、委ねるという信頼関係が大前提です。チームが自律的に状況に適応し前進していけるよう、支援するのがリーダーの役割となります。

スキルを高める機会を提供し、タウンホールミーティングや少人数の会議、個別の対話など、様々なコミュニケーションチャネルを駆使してメンバーがパフォーマンスを発揮できる態勢を整えるのも、リーダーの仕事です。

さらに、もうひとつ大事なのは、**失敗しても支える**こと。ＢＡＮＩの時代に、正解はありません。しかし失敗はあります。その失敗を非難せず、支え、学ぶ組織文化があってはじめて、垂直的多様性の活用が可能になります。

同化と共創・インクルージョン

ときどき日本の企業の方々からこんな言葉を聞くことがあります。

「私たちの組織ではＤＥＩが進んでいます。外国人人財もなじんでいますし、活躍していますよ」

私はこの言葉を聞くと、鵜呑みにすべきかどうか、実のところ少し迷ってしまいます。というのも、実状は外国人人財の努力や歩み寄りの上に成り立っているケースが多く、リーダーがそれを良しとしていることも見受けられるからです。

ある日系企業で働く外国人リーダーのサーベイを取ってみたら、驚くほど「不確実性の回避」が高かったというケースがありました。その人自身の生来の好みとは真逆の方向に出るのです。働く日本企業での評価軸に合わせ続けた結果、無意識にも日本の文化に同化したと考えられます。言い換えれば、その企業で出世するために、会社での自分を変えなければならなかったと。

表面上仕事がうまくいっているのを見て、「彼らはなじんでいる」と言い切ってしまうのは、違いを活かしているのではなく、違いを同化させていることになります。

これは国籍の違いという例ですが、同じ話は世代や性別などの違いにおいても起こり得ます。

違いを活かしてポジティブなパワーにしている状態と、同化をどのように見分けるのか。それは、**その人らしさが発揮できているか**にあると思います。

CQの高い組織のメンバーは、自分らしさを大切にし、かつ組織に対して帰属感を持っています。図（次ページ参照）は縦軸に「自分らしさの発揮度合い」、横軸に「職場に受け入れられている度合い」を置いたものです。

左下は、その両方が低い「排除」の状態で違いを活かすにはほど遠い状態です。

■ インクルージョンと同化の違い

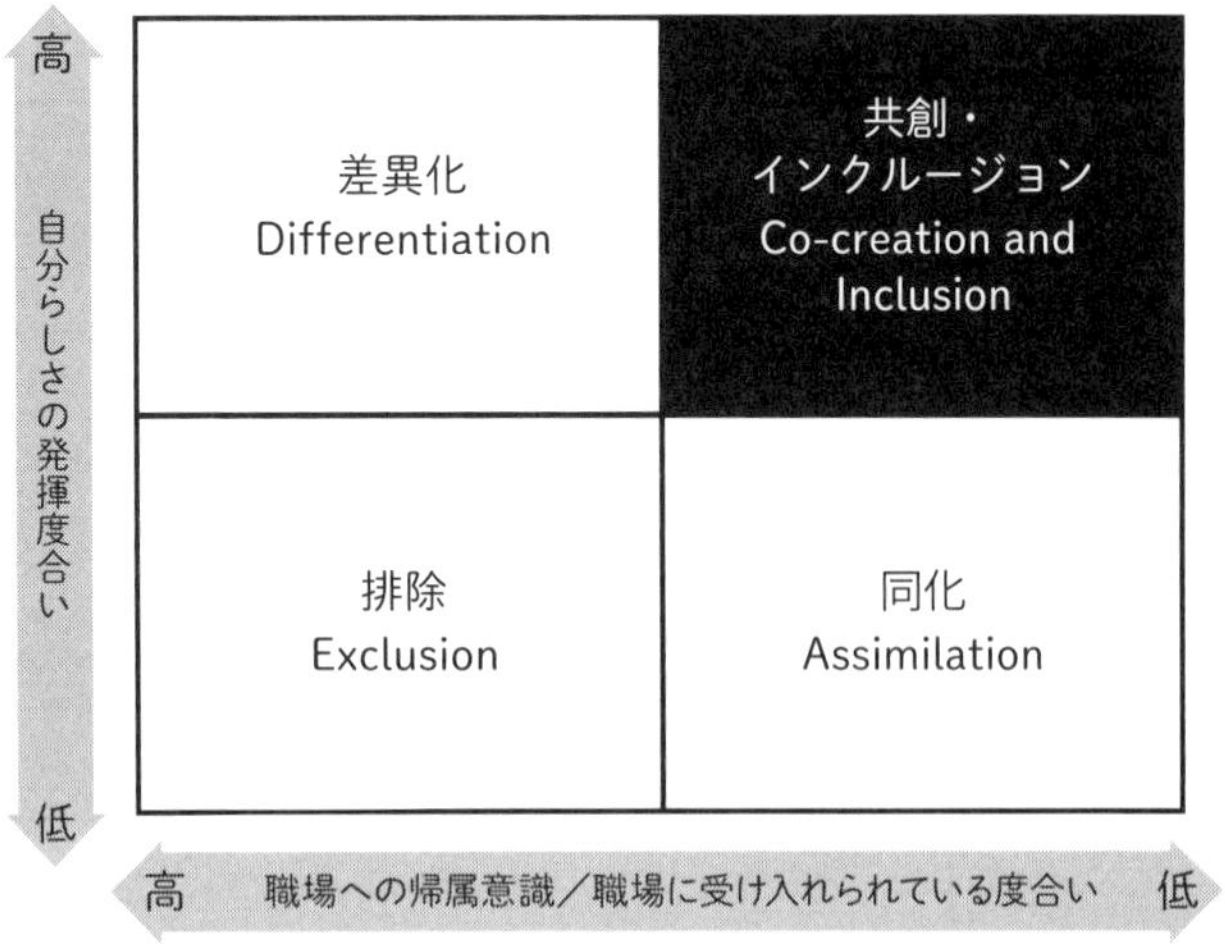

Lynn Shore et alをベースに宮森作成

左上の「差異化」はその人らしさは発揮されているものの、職場への帰属意識は低い。強いて言えば、その人が浮いてしまっている状態です。

右下が「同化」です。職場への帰属意識も高く、なじんでいるように見えますが、個々人の違いは押し殺されています。

自分らしさが発揮され、職場への帰属意識が高い。これがCQの高い組織、右上の「共創・インクルージョン」です。この状態が、組織もメンバーも幸福感が高く、共創を通じたパフォーマンスも発揮されます。

組織文化の変革は、一人ひとりの違いを同化させることが目的ではありません。

私たちは「同じでありながら異なることができる世界」で生きられれば、より幸せになれることが示唆されています。[33]

共創の組織文化への道

CQを活用して違いから共創できるかどうかを考えるときには、東海大学の山本志都教授による異文化意識発達モデル[34]が大変有効です。

このモデル（次ページ参照）は、違いに対して人がどのように認識をしていくのかと

33　社会心理学者マリリン・ブリューワー博士が1990年代初頭に提唱した「最適な独自性理論（Optimal Distinctiveness Theory）」では、人々がグループに属する「帰属の欲求」と、個としての独自性を維持したい「差異化の欲求」の双方を持っており、その間で最適なバランスを見つけようとする傾向がある。この考えを活かし「帰属戦略」とともに、「最適な独自性」を育むトレーニングに重点を置くことで、個人の独自性を尊重しつつ、チームの一体感を高めることができる。

34　ミルトン・ベネット博士が開発したDMIS: Developmental Model of Intercultural Sensitivity, 異文化感受性発達モデル（Bennett, 1986）Bennett, 1993 を理論的ベースに、山本志都教授が開発。山本教授はベネット博士と共にIntercultural Development Research Instituteの理事を務める。

■ 異文化意識発達の5つの過程

違いへのアプローチ

<table>
<tr><td rowspan="5">違いの複雑さをとらえた受け止め方・関わり方</td><td>フェーズ5

違いとの
共創</td><td>選択に意識的になり、出現させたい未来にコミットする中で、発信力で周囲に影響を与え、探索力で他者からの影響力を受け取り、この相互作用を通じて、相互適応と共進化を実現する状態</td></tr>
<tr><td>フェーズ4

違いを
相対化</td><td>複数の視点を移動しながら、多面的に比較検討する中で、自分になかった異なる文脈での発想や感覚を理解し、考慮できるようになる状態。異なる選択肢や可能性に対して柔軟な対応が可能になる</td></tr>
<tr><td>フェーズ3

違いを
最小化</td><td>違いを特別視せず、なじませて調和させる中で、自分に分かる範囲の違いを許容して、ある程度尊重する寛容性がある状態。ただし、理解は限定的。想定外の出来事では許容範囲を超え、違いを踏まえた対応が難しくなる</td></tr>
<tr><td>フェーズ2

違いに対する
防衛</td><td>違いを認識するようになるが、自分の中で整理しきれず、違和感や抵抗感を覚えている状態。自己防衛のために対象を否定し、攻撃、排除に至ることもある</td></tr>
<tr><td>フェーズ1

違いへの
無関心</td><td>違いについて考える発想がなく意識外になっている。または興味がなく何とも思わない状態</td></tr>
</table>

エンパシー

受け止め方・関わり方 違いを単純化した

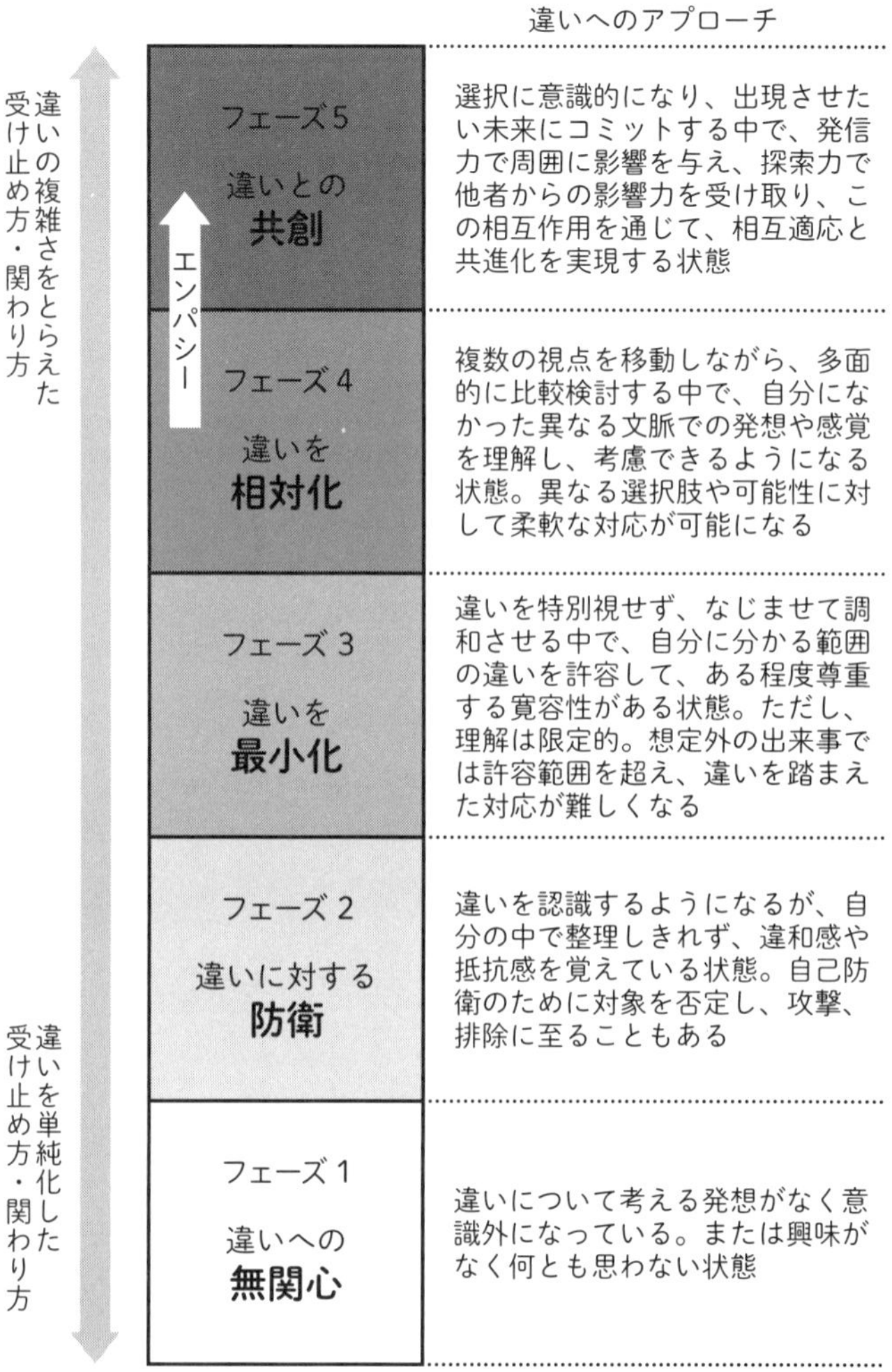

※本図は山本志都教授の開発した「異文化意識開発®プロファイル（DPIC）」に基づいて作成されたものであり、オリジナルはmimeo（未公刊公開資料）として次のURLにて公表されています。https://www.diffanddiv.com/
本資料を転載・引用する場合は、以下の出典を明記してください：山本志都（2025）「異文化意識発達の5つの過程」mimeo

いう認識の発達過程を5つの段階で示しています。次のフェーズ1から5の説明は、山本教授が執筆した未発表原稿から、一部を抜粋してまとめたものです。

フェーズ1　無関心

最初の段階が違いへの「無関心」。「私たち」とは違うやり方があるということを知らない、知っていても関心がありません。「違うやり方なんてあるわけがない」「違いは取るに足らない」と、認識や理解をしていない状態です。興味のない相手に対して、良いとも悪いとも判断できない。悪く思うまでにも至らないのです。

フェーズ2　防衛

「私たちとは違うやり方がある」と気付き出すのが「防衛」の段階。「私たち」と「あの人たち」の違いにストレスを感じ、感情的に反応します。A対Bという対立構造を見出して、その中で優劣をつけようとする状態。「こちらが正しい、あちらは間

私たちは、
物事をありのままに
見るのではなく、
自分が見たいように
見るのです。

違っている」という考え方が主です。

フェーズ3　最小化

3つ目のフェーズでは、違いを「最小化」します。

衣服・食事方法・挨拶などの、目に見える違いは許容し尊重します。不安感や拒絶感を軽減するために、違いには目をつむって、相手との共通項に意識を向けます。「やり方に違いはある。けれど結局は同じものなのだから、大きな問題ではない」と。対立を避けるのもこの段階にありがちです。

フェーズ4　相対化

4つ目のフェーズになると、違いを「相対化」できるようになります。「相手は自分と違うロジックで動いている」と考え、相手がなぜそう動くのか、理解しようと努めます。この段階までくると、より深い理解から新しい学びを得て、異なる考えや行動を尊重できるようになります。

フェーズ5　共創

5つ目の段階が違いとの「共創」。相手と協力しながら新たな価値や第三の方法を生み出せるようになります。相互理解・適応のためには対立や葛藤が生じるのは当たり前として、無理に封じ込めず、ギャップやズレを可視化して、違いを活用した新たな選択肢を模索していきます。

自文化中心主義と文化相対主義

異文化意識発達モデルのフェーズ1〜3、無関心、防衛、最小化は「自文化中心主義」です。自分のメガネを通して違いを見つめ、違いを「コスト」と捉えています。自文化中心主義とは自分の文化的基準で他人を評価すること。誰もが持っている見方です。

しかしリーダーが自文化中心主義の組織に与える影響を無視していては、違いの受け入れにあたって最大の障害となります。

対照的にフェーズ4の相対化、フェーズ5の共創は、文化相対主義と呼ばれます。全ての文化は対等であり、外から見た価値観によって優劣をつけられるものではないという考え方をベースにしています。自分の「普通」は相手の「普通」ではない。この段階では、違いをポジティブなパワーと捉えます（図参照）。

違いを切り離すべきコストと見なすか、新しい価値を生むための力に変えていくか。

■ 自文化中心主義と文化相対主義

単純化して見ている
自文化中心主義
（Difference is cost）

- 自分のメガネ（見方）でしか物事をみていない
- 自分にとっての普通で物事を判断している

相対化して見ている
文化相対主義
（Difference is power）

- 自分と相手のメガネ、複眼的に物事を見ている
- 相手の見方、相手にとっての「普通」を理解できる
- 相手の感覚から見える世界を「そういう見方もあるよね」と肯定できる

異文化意識が発達していくにつれて、違いが力になっていくことが分かります。

次ページの表は、山本教授が開発した異文化意識を測定するツールの一部であり、職場の雰囲気や意識のチェック項目を抜粋したものです。[35]より深い分析を受けてみたい方は、「異文化意識開発®プロファイル」を受けていただくことをお勧めします。アイディール・リーダーズまでお問い合わせください。

当てはまるものが多いほど、違いに橋を架けポジティブなエネルギーにし、共創で

35　東海大学山本志都教授から許可を得て、文章の一部を改訂したものを掲載しています。

■ **共創できる組織かどうかーチェック項目**
（Source: 東海大学山本志都教授）

□私の職場には、文化的違いへの関心が高い人が多い

□私の職場には、異文化や多様性の話題が出ることを好む人が多い

□職場の人々の間には、異なる見解がぶつかりあうことを、建設的な対立として歓迎する雰囲気がある

□私の周囲の人々は、文化的違いを意識し過ぎて遠慮がちになることは少ない

□私の職場では、少数派の意見を表明することが歓迎されている

□私の職場では、文化や属性や立場上の違いによって生じている「やりづらさ」をオープンに語ることができる

□私が働いている組織には、現状維持を良しとするよりも、社会や人のニーズに適応し、変化していこうとする雰囲気がある

□私が働いている組織には、多様な立場の人が直面する困りごとを探し、それらを自分たちに関わりのあることとしてとらえ、組織が生み出す価値へと変換させようという気運がある

きる組織に近くなります。
みなさんの組織はいかがでしょうか？

リーダーがCQを高め続ける

違いに橋を架け、ポジティブな力に変えるためには、**リーダー自身がCQを高め続けていく**必要があります。

「違いがある」ということをただフラットに受け止める。違いとは変なものではなく、ただ違うだけです。

違っているメンバーに対して「このやり方に合わせてほしい」という思いはいったん置いておく。それが同化につながる可能性があるからです。

「それは自分の不安を取り除きたいだけではないのか」
「目標を達成することだけにとらわれていないか」
「プロセスは適当か」

「周囲へのケアはできているか」

同化させれば、それまでのやり方を再現することはできるでしょう。それは平均的なパフォーマンスを保持する、安全で着実な目標達成への道に見えます。

「違いを活かすことで、もっと良い未来が訪れる可能性があるのではないか」

CQの高いリーダーは、このように着想して物事を進めます。

違いに橋を架ける、力に変える

組織文化を変えるときには、多くの違いと向き合うことになります。

私たちにはそれぞれの「普通」があり、そこから世界を見ています。誰かと話をする際、**その人の普通と自分の普通がどのように違っていて、どんな共通点があるのかを理解する**ことが重要です。普通を変えるのは、時間がかかります。たった一度のタウンホールミーティングや、トレーニングだけで変えようとするのは、現実的ではありません。時間とエネルギーがかかります。

第9章に登場するリーダーたちは次のように語ります。
「手挙げの文化を根付かせるには10年以上かかりました」（丸井グループ、青井氏）
「『急がば回れ』で説明や議論をしながら進める必要があります」（三谷産業、三浦氏）
「組織文化を変えるのには最低10年かかる」（レゾナック、髙橋氏）

長い道のりかもしれませんが、思い立てばいつでもその日が「Day1」となり、自分から始めることができます。

例えば1日に1回でも、自分の価値観とは別の視点で物事を考えてみましょう。ニュースを見て「なぜこの国はこのような行動を取るのだろう」「この会社の意思決定の背景にはどんな文化があるのだろう」。

あるいはもっと身近な人に対して考えてみるのもいいと思います。「なぜこの人は、自分の自慢話ばかりするのだろう」「なぜこの人は、あれだけ言っても会議で発言しないのだろう」

本書で紹介した6次元モデルを当てはめて現象を分析すると、気付くことがきっとあるはずです。

ぜひその気付きを周りの方に、共有してください。

ＣＱの高い組織が増えるための最上の方法は、**ＣＱの高いリーダーを目の当たりにする**こと。この本を読んでくださった皆さんが率先してＣＱを活用していくことで、周囲の人も文化の違いに橋を架け、力に変えることができるようになっていきます。

スイスのビジネススクールＩＭＤが毎年発表する世界競争力ランキング。１９８０年代後半から90年代初頭にかけて、トップ10にランクインしていた日本は、２０２４年38位と3年連続で過去最低を更新しています。ここには、ＣＱのワークショップに参加し、日本の不確実性の回避と達成志向の高さ、つまり完璧を追求する文化的背景が影響していることに気付かれたリーダーは、周りの方にＣＱの重要性と6次元モデルを伝播しています。

今のままでも安心して暮らせるので、変化が激しいと内にこもり新たな挑戦のために壁を破ろうとする人も少ない、という不確実性の回避の高さがもたらす影響について危機感を覚え、部署間の協調、世代間のギャップを埋めるためにＣＱを活用されている方々も大勢いらっしゃいます。

最後に、私の生涯の師匠である、ホフステード先生の言葉を紹介して終わりたいと思います。

「人が生き残り続けられるかどうかは、異なる考えを持つ人と協働する力にかかっています[36]」

36 The survival of mankind will, to a large extent, depend on the ability of people who think differently to act together
Geert Hofstede, Culture's Consequences, SAGE Publications, 1980

■日本は世界的にも不確実性を回避する傾向が強い。だが不確実性は日常そのもの
■違いによる対立は不可避だが、対話を通じた建設的な活用は可能
■同化とインクルージョンは異なる。「その人らしさ」が発揮できていなければ同化の状態
■同化を目的とした組織文化の変革であれば立ち止まりたい
■CQの活用段階は異文化意識発達モデルの5段階が参考になる。違いを活かし新たな価値を創造するのがフェーズ5の「共創」
■組織文化の変革には時間がかかる
■リーダーがCQを高め続けなければ、共創の実現はない。CQの高いリーダーとしての振る舞いが、CQを組織に広げ、組織文化の変革を促すことになる

column

駐在員による共創への5年

わたしのビジネスパートナー、金惺潤さんはある日系企業の駐在員としてインドのトップとして赴任しました。彼は異文化意識発達モデルの5段階をひとつずつ上り、5年をかけて現地での共創にたどり着きました。

赴任前は、日本での実績から「世界のどこでも成功できる」と考えていました。同時に「日本のやり方を押し付けてはいけない。インドのやり方を活かそう」と。しかし何がインドのやり方かは分かっていませんでした（フェーズ1：無感心）。

実際に赴任すると「日本のやり方に合わせないと」と考えます。インドのやり方が日本とはまるで違ったからです。資料作成にしても、インド人社員はさらりとした図表で、ふわりと説明。手抜きに映り「大事な案件は任せられない」と考えるようになりました（フェーズ2：防衛）。

3年目。見方は少し変わります。インド人社員がインドローカル企業の仕事を受注してきます。「なぜ受注できているか分からない。けれど同じ仕事に就いているのだ。任せてみるか」。違う部分は気にしないと決めます。ただインド人社員のチームに十分な経営資源は与えません。成果は限定的でした（フェーズ3：最小化）。

インド人社員のやり方の理由が分かったのは4年目です。日本人経営者は印刷資料を好み、具体的な方法まで納得しないと決裁しない傾向が強い。対してインド人経営者は印刷資料を好まず、目的や大枠だけ分かればやり方は一任。この違いが、資料作成や分析方法の違いを生んでいるのだと理解します（フェーズ4：相対化）。

5年目。新たなプロジェクトが次々と立ち上がります。経営資源の適切な配分による新規顧客の増加、さらには新市場の開拓、新しいビジネスモデルのスタートなど。具体的な形として成果が創出されました（フェーズ5：共創）。

ときに課題はあっても、共創へと続く道はある。そんなことを感じさせてくれるひとつの事例ではないでしょうか。このプロセスを経て彼は現在、CQの高い日本人リーダー、組織を支援しています。

第9章

組織文化を語る

There is nothing either good or bad, but thinking makes it so.

物事に良いも悪いもない。それを決めるのは我々の考え方だ。

シェイクスピア『ハムレット』

CASE STUDY 01

組織文化で二項対立を乗り越える

株式会社丸井グループ

代表取締役社長
代表執行役員（CEO）

青井 浩 氏

1961年生まれ。86年、丸井グループ入社。91年取締役就任、その後副社長を経て、2005年より現職。

現在はエポスカードを基盤とする「フィンテック」、商業施設のマルイによる「小売」、さらには環境課題の解決など将来に向けた取り組みである「未来投資」の三位一体のビジネスモデルを展開しています。

同社が目指すのは「インパクトと利益の二項対立を乗り越える」こと。二項対立とは、二つの概念の矛盾や対立の関係を意味します。社会的価値の創出などのインパクトと企業の追求する利益は往々にして相反すると思われがち。しかし同社はこれらの二項対立は共創により乗り越えられるとし、2019年には「ビジョン2050」をつくり2050年に向けた長期ビジョンと目標をまとめました。

そして、これら同社の共創の取り組みを生み出すものとして、〝OS〟に据えられたのが組織文化です。

2005年に丸井グループのトップに就いて以来、組織文化の変革に取り組んできた青井浩氏。リーダーとして長年にわたり、組織文化に向き合うきっかけや胸の内にあるものとは。また変革の実感などについても聞きました。なお、同社の各種発表資料などでは「企業文化」という言葉ですが、本書では統一して組織文化としていることを補足しておきます。

○「共創」を全面に打ち出す丸井グループ

――丸井グループは2019年に「ビジョン2050」を作成し、「共創」を全面に打ち出されていますね。

青井　共創とはもともと、僕が1991年に取締役に就いた頃からマイパーパスのように持っていたものなんですよ。「供給者と需要者」「売り手と買い手」などは上下の関係ではなく、相互のやり取りにより価値が生まれる。そんな〝対等のパートナー〟という発想が当時からありました。

――91年というと、まだまだ企業には利益追求の風潮が強かった時代ですよね。その頃だと、共創を広げていくにもご苦労があったのではないですか？

青井　悩みはありましたよね。91年からの14年間はいわば下積み時代でした。取締役とは言っても、やはり〝上司〟がいますから、上司の言うこと以外ほとんどできないんです。そこで僕自身が「やらされ感」に非常に苦しみました。

――「共創」をご自身の中に掲げていたわけですからね。

青井　「共創をしたい」と思っても、上意下達で指示命令は徹底されていては難しい。

当時の日本企業はわりとどこもそうだったかもしれませんが、当社はその中でもひときわ強い指示命令型。

また、お客様との共創では、店舗や商品を一緒に練り上げ、それ自体は成功します。成功すれば本来は改善していきますよね。ですが完成と同時にお客様とのやり取りが途切れてしまった。デジタルなら続いたかもしれませんが、フィジカルな接点を大事にしていたため、お客様とのやり取りの継続が難しかった。特に当社は「店舗での対面接客こそ大事」というバイアスが強すぎたんです。両方やってもいいのに「他社がデジタルに進むなら、我々はフィジカルに進んだほうがいいのでは」と、2つを対立させて考えていたとも思います。

――そこにも二項対立があったのですね。「日本ではDXが進まない」とよく言われます。日本は世界の中でも圧倒的に「不確実性を回避したい」という国民文化を持ちます。同時に「決めた目標を達成したい」という傾向も強い。この2つが組み合わさると、新しい取り組みを避けたりします。国民文化の視点からは、日本のDXの遅れはそのように見てとれます。

青井　なるほど、面白いですね。僕は「ジャパン・アズ・ナンバーワン」と呼ばれた時代の成功体験から抜け出せていないことも大きいと思っています。成功体験ゆえに、予測できないことを嫌い、新しいものを避けるという悪循環を生み、現在に至っているのではないでしょうか。

――「いったん成功したら、そこから抜け出すのが苦手な国」だとも言えるかもしれませんね。「不確実性を回避したい」などの国民文化には、今の話のような負の面もありますが、一方でそれがなかったら「トヨタ生産方式」のようなものは生まれなかったとも言えますから、コインの裏表だと思っています。

組織文化をアップデートさせる

――そんな中、社長に就任された2005年から早々に組織文化の変革「企業文化1・0」に取り組んでいらっしゃいます。

青井　やらされ感をなくすことがコンセプトでした。上意下達の文化ではなく、一人ひとりが自主性を発揮できるようにしようと。ただコンセプトや認識が整っていけば、「3年くらいで一気呵成に文化が変わるんじゃないか」と思っていたのですが、やっぱり時間がかかりましたね。

――ましてや上意下達が強い組織文化を持っていたのですし。

青井　そうなんですよ。それをフラットにして自主性を高めるというのは、天と地をひっくり返すみたいなもの。まったく逆のことをやろうとしているわけですから、やっぱり抵抗や反発、戸惑いはありました。特にベテランの方は「え？　そんなことできるわけないじゃないか」って。

――「何を言っているんだ？」と受け止められていたのかもしれませんね。

青井　しかも、自主性を持った組織を作ろうとしていましたので、トップダウンだけで推し進めるのは矛盾します。ですから相当、苦労しました。

そこで進めたのが「手挙げの文化」です。グループ横断の全社プロジェクトへの参加や中期経営推進会議、昇進・昇格、研修や部署異動などは社員の手挙げによって行っています。やりたい人がやりたいことに参加できる仕組みにしました。初めの頃は様子見をする社員もいましたが、自ら動く社員は少しずつ増えました。現在でも強制的なケースがまったくないとは言い切れません。会社に委ねる人がいるのも事実ですが、10年以上かけて手挙げの文化を根付かせることができました。

○創業の原点からコアコンピタンスを探る

青井　そもそも私が3代目としてトップに就いた当時は経営も厳しかったんです。立て直すために、コアコンピテンスをつかもうと、自分なりに創業の原点に立ち返ってみました。経営危機にはありましたが、その時点で創業から70年続いてきたことも事実。ならば創業の原点にあった、社会への貢献やお客様へのお役立ちのような無形の価値を「今の社会状況」に合わせて再構築すれば復活できるのではないかと。そういう意味では、創業の原点を追体験したのかなと思います。

――今のお話に「共感（エンパシー）」の力を感じました。文化を活用していくリーダーの方は共感の力がとても強いんです。共感は「あなたの言っていることはいいですね」だけではなく、相手の考え方で物事を見るということ。共感の力が強いと目の前にいない相手だとしても、その視点に立てます。創業の原点も追体験できますね。その上で、丸井グループとして大事にしなければならない創業の原点と、変えなければならないところ、この見極めがすごく重要になりますよね。

青井　おっしゃるとおりだと思います。当社はもともと家具の月賦販売からスタートしました。1960年には日本初のクレジットカードを発行し、ビジネスを家具などの耐久消費財から消費財であるファッションに移行。「若者にファッションをクレジットで買ってもらう」というスタイルで成長しました。ですがバブル経済が崩壊し、若者の非正規雇用が進み、ファッション価格は低下。得意技が力を失いました。なのに成功体験から、ビジネスを変えられなかった。ほんの一時期に過剰適応した成功のフォーミュラ（公式）以外の何でもないのに「これが我々なのだ」という誤った自己認識が生まれていたんです。「成功体験のアイデンティティー化」ともいえると思いますが、過去の成功体験から抜け出せずにいたのです。以前は、お客様の変化と共に当社も変わり、お客様に支えられ、社会に価値を貢献していたはず。ではなぜ以前は社会環境やお客様のニーズが変わっても適応し続けられたのか。そのコアコンピタンスを探るために創業者の言葉や行動が大事でした。

◯お客様の体験に耳をすませる

青井：また、もう1つ大事だったのが、お客様の「マルイでの体験」でした。それを聞いたり、思い出して反すうすることが大事で。これ、すごく面白いんですよ。というのは、僕は創業家なので学生の頃から僕が3代目であることは近隣の方も周囲の方も知っていて「マルイには世話になったよ」と判で押したように言ってくれていたんですね。当時は何も思いませんでしたが、働き始めて、それは特殊なことだと気づきました。

――「世話になった」というのは、すごい言葉ですよね。

青井　「マルイに行ったよ」「マルイで買ったよ」ではないんです。ある会食で、私が一人で時間を持て余していたときにそのお店の若い料理人の方が話してくれたことがありました。「昔、マルイに世話になったんですよ」と。「マルイは、田舎から出てきたどこの馬の骨かも分からない俺をちゃんと信用して、スーツを売ってくれて。これってすごいことですよね」。そのときにピンときて。当時はまだ何者でもない若者に信用を提供したのがクレジットカードで、クレジットという社会的信用を与えてくれた会社が――

――それが丸井グループだと。

青井　その体験が、ある程度の収入や社会的地位を得てから振り返ると「マルイに世話になった」という表現になる。お客様の心には何十年と価値が残っているんです。これが創業者の「信用は私たちがお客さまに与えるものではなく、お客さまと共につくるもの」という言葉に重なり、当社の価値観として「信用の共創」という言葉になりました。それを中心に置き、社員の皆さんとも共有することで、当社の強みを生かせるようにしていったんです。

――強みを活かすための環境づくりが、まさに組織文化だと思いますし、その環境づくりを「企業文化1・0」で進めたのですね。

1・0から2・0への進化

――「企業文化1・0」では手挙げの文化が根付き、2023年に丸井グループでは「企業文化2・0」への進化を発表されました。24年の3月期時点では、手挙げした社員が88%にも上るそうですね。

青井　はい。手挙げの文化の延長線上に、もう一歩踏み出そうということで。社員の皆さんにも、比較的スムーズに受け入れられた気がします。

――「企業文化2・0」では、フロー※の概念を据えたり、イノベーション創出に向けて打席に立つこと（共創の場の公募への手挙げ）や試行（手挙げした上での実際の活動）も推奨されています。一方で、失敗を許容する文化を形成するために社内表彰で「Fail Forward（フェイルフォワード）賞」もあるそうですね。

青井　Fail Forward賞は、心理的安全性の積極的な醸成といいますか、「失敗は減点の対象でなく、未来への投資として賞賛されるべき」という、背中を後押しする組織文化をつくるための取り組みです。日本のほとんどの大企業の課題は、主体性と挑戦ですが、どちらも文化が変わらないとたどり着けませんよね。主体的な挑戦が当たり前になり、楽しんで好きになってもらう。「好きこそものの上手なれ」で、好きであれば自ずと挑戦したくなるのではという仮説から、フロー状態に入れる社員を増やすための環境や仕掛けを作っています。

――丸井グループには心理的安全性と同時に、知的誠実性もあるように感じます。「チャレンジしなさい」「失敗しても許してあげます」というと、上から目線にも聞こえるかもしれません。ですが、好きな対象には誠実ですから、主体的な挑戦になりますし、ただ「好き」を追求しているだけでイノベーションにつながり会社や社会に貢献していくというか。

青井　そうなると本当に理想的ですよね。好きなことを実現しようとしているときには不正が入り込む理由がない。無理な目標を強いられるから、優秀な社員が知恵を出して不正をしてしまうんですよね。

※　フローは、時間が過ぎるのを忘れるほどに没頭する状態のこと。心理学者チクセントミハイが提唱した概念で、フローの状態に入ると充足感に満たされたり、パフォーマンスを最大化できたりする。スポーツ用語の「ゾーンに入る」に似た概念。

二項対立の世界から抜け出す

青井　一方で、企業としては、社員の「好き」を利益とも両立させないといけませんので、そこも重視しています。

――御社は6つのステークホルダーとして、お客様、お取引先、株主・投資家、地域・社会、社員、将来世代を挙げていますね。それぞれの利益と幸せの重なり合いを「企業価値」とし、拡大を目指していらっしゃいます。ただ、それぞれのステークホルダーの利益が重ならない部分では、やはり二項対立も生まれがちかと思います。

青井 おっしゃるとおりで、特に短期視点では利害の対立が大きくなることもあります。しかも時間の捉え方はどんどん短くなっていますよね。ただ人間には長期視点もあると思っています。極力、長期視点で考え、対話をしていくことで、対立よりも共通項や解決策に目がいきやすくなるのではないでしょうか。一方でさまざまなビジネスのシステムが短期的になっているという面も否めませんが。

——組織文化の変革は長期にわたる取り組みですが、そのあたりはいかがでしょうか。

青井 そこが1番難しいところですよね。組織のリーダーは、実際に長くやらないにしても長くやれるという展望がないと、10年かかる変革には手をつけたがらないですよね。

——大きな挑戦だと思います。

青井 すごく難しいことですが可能ではあると思います。集団的な合意を取って、覚悟してやるしかないですよね。最初は失敗しても、続けていくと。

——組織文化を変革していく次世代のリーダーを育てることも重要になりますね。

青井 僕も就いた当初はうまくいかなかったんですよ。だけど5年くらいしてくると

「こうすれば失敗しにくい」という方法も分かってくる。するとその後はそれなりに結果を出せるようになってくるんです。やめさせることを意識していると、取り組めないと思いますよ。

――今日のお話を聞きながら、丸井グループでは垂直的多様性も大事にしているのではないかと思いました。それぞれが「こうしたい」というものを持ち、それを見ながら上手に活用して、信用の共創につなげていくという。

青井　あると思いますね。僕はDEIだと、Iのインクルージョン（Inclusion）が大事だと考えています。当社のミッションは「全ての人が『しあわせ』を感じられるインクルーシブな社会を共に創る」。このインクルーシブが重要ですが、分かりにくい概念です。あえて逆の概念を僕なりに言うと、誰かを否定することで自己正当化するというか。

――まさに二項対立の負の部分ですよね。相手をおとしめて自分の立場を引き上げるという。

青井　はい、そういう二項対立の世界から抜け出して、そうでない世界を目指す概念がインクルーシブだと捉えています。例えば宮沢賢治の作品を読んでいると、登場する子供たちと動物たちとの距離がすごく近いですよね。「人間対動物」といった対立や違いはあまり感じません。一体感がある。そういうものがインクルージョンではないでしょうか。

○社会に合わせて組織文化を変える

――最後に、改めて組織文化とは一言で何だと考えていらっしゃいますか。

青井 僕は「ＯＳ」という言い方をしているんです。というのは、現在、ダイバーシティやＥＳＧ、人的資本経営など、さまざまなテーマが次々と出てきますよね。日本の企業はこれをある意味、真面目に取り入れますけれど、なかなかうまくいっていません。この理由を考えるときに、一つひとつのテーマを「アプリケーション」と捉えれば、やはり組織文化というＯＳがアップデートされていないからだと思います。古いＯＳに新しいアプリをインストールしても稼働しないのと同じ状況が生まれているのではないでしょうか。

――なるほど。

青井 世界的に産業革命以降の社会経済のあり方が制度疲労をして、更新を迫られていると思います。日本の企業も戦後の高度成長期の成功体験から脱却していかないと、例えば「無形資産から価値を創出する」と言っても言葉が上滑りするだけ。進化のためには、やはりOSから更新しないといけないという問題意識があります。これは組織文化を変革して、自分たちの業績を上げさえすればいいという考えではありません。我々がたどってきた経験や学びは、他の日本の企業や社会全般にも通じる話だと考えています。ですから、それを発信したり、共有したりすることで、社会の進化に貢献したいと考えています。

――まさに共創ですね。本日は貴重なお話をありがとうございました。

CASE STUDY 02

海外に浸透させた日本企業の組織文化

三谷産業株式会社

取締役海外事業担当
ベトナム事業企画促進室長

三浦 秀平 氏

1977年生まれ。2006年、ACSD入社。13年に三谷産業社長室長、14年にはAXIS設立に携わり取締役社長に。その後ACSD取締役社長などに就き、22年より現職。

石炭などの販売を祖業とし、現在はエネルギーの販売や化学品の製造・販売、情報システムの提供など、6つの事業領域を広げる三谷産業。石川県金沢市と東京都千代田区にある本社のほか、日本全国に6事業所を置きます。

一方で同社は1994年からベトナムに進出。当時からベトナムの可能性を信じ、積極投資を続けてきました。現在は「Aureole（オレオ）」グループという7社17拠点から成るグループ会社を展開しています。

特徴的なのは、三谷産業にある1928年の創業時から日本で培われてきた組織文化を基盤にしつつ、ベトナムに寄り添いながら成長を続けてきたことです。グループで2300人以上のベトナム人社員が働く中、日本人駐在員は20人にも満たないほど。そんな中で本社の組織文化をグループに浸透させながら「ベトナムの企業」としての地位を確立させています。

ベトナムの元計画投資省大臣ヴォー・ホン・フック（Vo Hong Phuc）氏はAureoleグループを視察に訪れた際、ベトナム人と日本人が親密に連携する社員の働き方やその組織文化に「このような会社は見たことがない」と感動したといいます。フック氏は20年にわたり、ベトナムへの日本企業誘致に尽力してきた人物。視察して早々にSNSに、Aureoleグループの文化の構築と拡大に対して大きな期待を込める趣旨の投稿を上げています。

こうした三谷産業のベトナムでの事業を構築してきたのが同社の取締役海外事

業担当である三浦秀平氏です。約20年にわたってベトナムに関わってきた三浦氏に、いかにして海外に日本企業の組織文化を根付かせていったのかを聞きました。

◎創業100年を控えた〝ベンチャー企業〟

――三谷産業はベトナムで7社を展開していますが、どのようにまとめていこうとしているかを聞かせてもらえますか。

三浦　重きを置いていることが2つあります。1つは三谷産業の組織文化のうち譲れないものは現地の方々にも理解・浸透してもらうこと。もう1つは事業を動かす中心は現地のベトナム人だということです。

――1つずつ聞かせてください。

三浦　1つ目の組織文化は、私が入社時に感じたことでもありますが、三谷産業は失敗を許容し、かつ挑戦の機会を与えてくれる。当社は2028年に創業100年を迎えます。現在、事業が多岐にわたるのは、その挑戦の結果ですね。また、各事業は独立しているわけでもなく、むしろ掛け合わせて新たな事業を作ろうという文化が強いと思います。我々はこれを「創業97年のベンチャー企業」と言っています。失敗をおそれて前に踏み出さないのではなく、失敗を受け入れて挑戦していく。これは当社の根本にある組織文化だと感じます。

――それは日本に多い「不確実なことを嫌う」「失敗をおそれる」とはまったく違いますよね。

三浦　例えば、年に1回、全グループが一堂に会して、予選を勝ち上がった各社の事業部が1年の成果を自発的に発表する「ＭＩＴＡＮＩ　ＡＷＡＲＤ」というイベントがあるんですね。部門や組織に関係なく、社内の予選を勝ち上がった方が、その1年の成果を発表します。イノベーティブな取り組みはもちろん、失敗事例も〝成果〟として発表していくわけです。予選を通過するのは結構難しいんですが、最近はベトナムのグループも本選に出場することが増え、最優秀賞を獲ったこともありました。

――最優秀賞ですか。

三浦　Aureole unit-Devices Manufacturing Service Inc.（ＡＤＭＳ）という自動車用樹脂成形品メーカーには、２０２４年にベトナムの元計画投資省大臣のフックさんがいらっしゃいました。最初にＡＤＭＳの日本人社長が事業紹介をし、工場案内をして、食事という流れで。工場に日本人は関与していませんから、ベトナム人のリーダーたちが説明をしました。これは他の日系企業も同じだと思います。ただその後の食事でフックさんの近くに、社長含め日本人ではなく、ベトナム人の幹部社員が座ったことに驚かれたようでした。我々としてはごく自然なことでしたが、いたく感動されていました。

――Facebookにも投稿されていましたよね。社員の方は、その場でも臆さず説明をされていたと。

三浦　社長などが工場内の生産改善などに口を出しすぎると、やはりなかなか自発的な行動は生まれません。ある程度失敗してもいいから「まずはやってみよう」と。小さな成功を褒め、失敗すれば改善策を一緒に考える。それが組織文化として根付いたからこそ成果も出ますし、元大臣のような方の前でも全社員を前にした発表の場でも、堂々と話せます。

――私の感覚ですが「とにかく失敗してごらん」ではなく、きっと三谷産業は「失敗から学ぶ」ことも大事にされていますよね。

三浦　そうですね。やはり振り返らないと「怠けている」と見なされます。

――そのあたりも大事なポイントですね。

○その国の社員が事業を牽引できるように

――もう1つの現地のベトナム人の社員を中心に事業を動かしていることについても聞かせてください。

三浦　これは宮森さんがご専門のCQに通ずる部分もあると思います。当たり前のことですが、海外の事業の良し悪しを左右するのは「現地の組織が事業を行っている」という認識の度合いではないでしょうか。考え方や文化、言語の違いを無視すると意思疎通が成り立ちません。けれど日系企業では、それを抜きに、日本人と一部のマネジャー、または日本人だけで大事なことを決めがちだと思います。一方で、現地の社員は優秀な方が多いんですよ。技術や知識に優れていたり、向上心に長けていたり。また非常にスマートで、ロジカルに考える方も多い。なのに「現地の社員が育たない」という愚痴を聞くケースがあります。

――思い込みもあるのでしょうね、そう言ってしまうというのは。

三浦　現地の社員のポテンシャルを引き出せていないということですよね。信頼関係を築けていない。しかし実際、これは簡単でもないと思うんです。

――信頼関係を築くことの重要性に気付ける方も、少ない気がするんですよね。

三浦　結局、組織として物事を動かすなら、人の力を借りなければならない。やはり現地の社員無しでは事業は成り立ちません。だからこそベトナム人たちが事業の中心にいることを前提に行動する。「そこがブレたら自分はもう日本に帰るしかない」というのが、私自身ずっと思っていたことです。

――三浦さんが働き出した当初の、御社の状況はいかがでしたか。

三浦　私は、前職で2004年からベトナムに駐在しておりました。そこから縁あって06年にAureoleグループのAureole Construction Software Development Inc.（ACSD）に入社しました。他社が他の国にも展開する中、本社の三谷産業は「ベトナムのみに注力する」という明確な意思を示し、実行していたことが印象的でした。ただ当時は多くの他社と同様、日本人によるマネジメントが主軸でしたね。まだベトナム人と日本人との相互の信頼は弱かった。かつ、当時は会社の経営方針や計画、数字についてもベトナム人の社員にはおそらく伝わっていなかったですね。赤字か黒字かも社員は意識していなかったように思います。

○相手に合わせて調整し変えていく

――そこからさまざまな取り組みを行ったと思いますが、印象的だったことについて聞かせてもらえますか。

三浦　苦労話には切りがないのですが、一つはAureole Expert Integrators Inc.（ＡＸＩＳ）の立ち上げに関連して。ＡＸＩＳは２０１４年に設立した会社です。14年はAureoleグループの創業20年という節目に当たり、その前年に私がレポートを書いたんですよ。「グループの内部統制、人事労務などを担う会社を立ち上げましょう」と。グループの他6社はいわゆる事業系の会社で、Ｐ／Ｌ重視で営業利益には関心があっても、人材投資にはほぼ関心がなかった。またベトナムは成長著しいこともあり人事労務などの法改正が頻繁。そこで各社に「横糸」を通し、ルールをそろえ、ガバナンス強化を図ろうとしたんです。一般的にいう「横串」だとどこか強いイメージですが、柔軟に土地や会社に合わせたいと考え「横糸」と書きました。そこからグループでは初めての目標管理制度をつくりました。ただ最初は理解が得られませんでしたよね。

――「なぜ、そんなものが必要なのか？」という反応があったのですね。

三浦　「面倒だ！」とかですね。意義を伝えようと、ルールの一つひとつをベトナム語で説明しましたし、工場に寝泊まりもしながら、現地の社員と一緒につくりました。その上でベトナムにも沿うように調整しました。日本側は「日本の制度の〝コピー・アンド・ペースト〟でいいだろう」と考えがちです。けれど、それではうまくいきません。もちろんコピペでも支障がないものは日本の形にして、導入の労力を減らしました。ですが例えば人事評価基準は、日本での定性的なものから、より定量的なものに変えました。ベトナムでは日本よりロジックが求められるからです。他にはステップアップの年数ですね。大半の社員は「2年で課長になりたい」というんですよ。

――ベトナムは日本よりも短期志向が強いですからね。

三浦　「それなら」と、日本のように5年とか待たなくてもいいように、成果により昇進できるようにしました。今では「24歳の課長」もいますよ。ただ現地の文化も尊重していますが、根底にあって変えるべきでない本社の組織文化は絶対に変えることはありません。

――守るべきところは守り、変えていいところは変えていく。相手に合わせて調整し、変化し合って、よい関係を築いていく。まさにCQの高い方がされている解決方法だと思います。

三浦　ですが、作ったからといって機能はしないんですよ。私は2016年にACSDの社長に就きました。当時のACSDは大赤字。「成果が報われない」という声もあって、離職率は3割超。人事部はなく、採用は片手間で教育もしない。そこで人事と教育の部門を作ったんです。新たに採用した人を人事部長に置きました。社員からは強く反発されましたよ。人事がいい人を採用しても、現場は技術者なので即戦力を求めるんです。「なぜ、こんな人を採用したのか」と人事部長が責められ……。

――なるほど。

三浦　ですからまず、現場は利益と品質、人事は低離職という目標を設定し、成果が出れば還元すると話しました。人事には「採用した方は俺が体を張って守るから」と言って、私自身が現場にも入って調整しましたね。また、現場の管理職は技術職出身だったために、その年の秋に会社初の集合研修をしたんです。会社の考え方や課題を共有し、管理会計などを教えたり。

――その集合研修も「ベトナム人の方に役立つものという視点で選んでいる」と以前、三浦さんは話していましたよね。一般的な日系企業だと、同じく日系企業に頼むことも多い中、本当に現地に寄り添っていらっしゃるなと。

三浦　その過程ではいろんな議論がありましたよ。辞めた方もたくさんいますし、人事部長は「周囲から責められるし、つらい」と漏らす。けれど、そのおかげで２０１６年度は黒字に一転し、以降は毎年おおよそ20％ずつ成長を続けています。

「急がば回れ」で進める

三浦　結局、理解されないまま動くことが非常に危険なんです。失敗しても「言われたからやりました」「私に責任はありません」というのはよくある話ですよね。管理職すらそう答えることがあります。「そんな無責任な！」と言いたくなっても、ただ純粋に指示を理解していないだけかもしれませんよね。あるいは指示する本社だって、そのことを理解していないかもしれない。そういう状態は危険ですし、「急がば回れ」で説明や議論をしながら進める必要がありますよね。

――そうですね。

三浦　言葉、考え方、宗教、文化……人それぞれに違います。海外では特に、お互いを理解する時間は日本の数倍は必要です。海外に赴任し「この国に来てから成長できていないな」と思う方もいますが、仕方ないと思うんですよ。当人も周囲も時間がかかることを認識して、許容することも大事ですよね。当社の場合、数字を上げれば本社からは口を出されなかったことと、歴代の社長が後押ししてくれたことも大きいと思います。２０２２年からはグループ共通の管理職研修を行っていますが、現社長の三谷忠照もベトナムに来て、トップ・メッセージや三谷産業のルーツをベトナム語で話したりしています。

――素晴らしいことです。

三浦　２０１５年からは毎年「ベトナムにおける人材育成」をテーマとする情報提供や交流の場「Aureoleカンファレンス」を開催しています。ベトナム政府や大学、日系企業などが集います。23年には宮森さんにもご講演いただきましたよね。また、18年からは現地の大学生に、日本のものづくりや経営思想を伝える場も作っています。こちらは日本航空の副会長（取締役副会長：当時）の清水新一郎さん、セイコーエプソン顧問（会長：当時）の碓井稔さんなどにもご登壇いただきました。皆さん他の国と協力し合わなければならないという認識があるので、ベトナムに出向いてまで話をしてくれるんですよ。しかもボランティアで。そこでベトナムの学生たちの反応を見て「採用したい」という感想を持って帰られます。また、24年にAureoleグループは30周年を迎え、ＡＸＩＳのベトナム人社員が周年式典の運営を主体的に行いました。日本人の駐在員は数年で入れ替わりますが、現地の社員は入れ替わりません。そこで「これからベトナムの事業を引っ張る皆さんに、この30年間を振り返り、この先どうあるべきかを示してほしい」という宿題を出しました。現地社員たちは30年間にあった苦労とそれを乗り越えた強みから、グループの原則と約束を「AUREOLE WAY」という指針に表現。その内容は式典で発表してもらいました。何度も話し合って、一つの指針をつくり上げたこと自体が強みだと思っています。

――式典では、村上春樹作品を翻訳したような方が、同時通訳に入っていらっしゃいました。

私の講演でも通訳していただきましたよね。優秀な通訳の方は決して多くはない。それでも呼ぶことができることに、三浦さんのお力を感じます。改めてお話を聞くと、三浦さん個人のリーダーシップだけでなく、他の国の力を借りてサステナブルなビジネスをつくることを深く考えていることも感じますね。

サステナブルなビジネスのために

――私が2023年に伺った際に、ベトナムの若い方から「日本は好きだけれど、韓国のほうが投資も大きい。日本語を勉強してもどうなのか……」という声を聞き、私にはショッキングでした。

三浦　実際のところ、日本企業は不人気ですからね。はっきり言って他の国の企業に比べたら、給料も安い。当社もテコ入れをしましたが、まだ差があります。

――課題を乗り越えるために、どのようなことをしていこうと考えていますか。

三浦　自社で言えば、ベトナムの社員と対等に向き合える日本人の社員をもっと増やさないといけません。同時にベトナムの社員が本社経営に参画することも見据える必要があるかと思っています。また広い視野で見れば、優秀なベトナムの方が日本企業に勤めるメリットを生み出さなければなりませんし、これは我々1社ではできません。オールジャパンでやる必要があります。そこでベトナムの大学の学生に「なぜ日本語を専攻するのか」「日本企業で働きたいのか」と聞き、その回答を経営にも役立てています。

――どのような回答が返ってきますか。

三浦「日本企業は経営の前提に人格形成がある」という回答は多いと感じます。「人を育てることを大事にしている」ということですね。先生方も日本人以上に日本を研究した上で、学生に伝えてくれています。例えば「日本企業に入社したら時間を守らないといけない。理解しづらいことかもしれないけれど大事です」。逆に企業へも「それは日本企業の良さだから守ってほしい」と言われるんです。グローバルでは特殊な組織文化を妥協する企業が増えていることの裏返しだと思います。先生方は「お互いが成長していかなければならないから、お互いの文化の違いを理解し、その上で高めていきましょう」と言いますね。

――人づくりも時間がかかりますが大事ですよね。最近はそれを忘れてきている日本企業も多い気がします。例えば今の日本では「家族経営」とか、あまり好まれなかったりしますよね。「人を大事にする」ことは「家族」の特徴で、それはおそらく昔の日本企業に強かったのかもしれません。一方で、ベトナムの方たちに「ベトナムで好まれる組織のスタイルは『家族』ですよね」と言ったら、すごくうなずいてくれました。

三浦　他にも「三方よし」とかも好まれる言葉ですよね。松下幸之助さんの本がベトナム語でも出版されていますし、よく知っているんですよ。私も含めて、今の日本人が忘れてしまっていることかもしれませんし、勉強しないといけませんね。

○まずはその国との違いを知ることから

――三浦さんのお話は、ベトナムと日本に限らず、示唆に富んでいると感じます。もしも、三浦さんがまた別の国で働くとしたら、どんなことから始めますか。

三浦　基本的なことですが、私ならその国の人たちをまず理解することから始めます。日本との違いは何かを真っ先に知るようにします。

――まず理解しようとする。そこで同意できないところがあるかもしれないけれどもリスペクトすることがとても大事ですよね。

三浦　そうですね。あとは現地の会社がどういう状態かの確認。特に、本国にある本社のことをどれだけ認識しているか。当社でも、以前は本社の事業を分かっていない社員はいっぱいいましたから。認識が不十分だと、業績がよくてもいずれほころびが出ると思います。

――そのためには、情報共有やコミュニケーションのあり方も問われますよね。「何をどこまで知っていますか」というレベルの確認でも大事だと思います。日本だと「それは察してくれるものだ」と考える方もいますが、それだと齟齬が出てきますよね。「言われないと分からない」ということが分かっていないと。

三浦　おっしゃるとおりですね。今日、私の話したことはそれほど特別ではないと思います。それでも海外に拠点を構えている企業の方たちが「自分たちはもっとやれるんだ」という気持ちになっていただけたら、ありがたいです。やはりオールジャパンでいかないといけませんしね。

――貴重な機会をいただき、本当にありがとうございました。

CASE STUDY 03

経営幹部がCQを高める意義

株式会社
東レ経営研究所

代表取締役社長
髙林 和明 氏

1957年生まれ。1980年、東レ入社。営業、マーケティング分野に従事し、2017年よりタイ東レグループ9社の代表を務める。20年より現職。

繊維や樹脂などの素材メーカーとして、グローバルに事業を展開する東レ。ユニクロとのパートナーシップによる服の素材開発、ボーイングの飛行機に使われる炭素繊維の提供なども よく知られています。この東レグループのシンクタンクとして調査・分析や人材・組織開発支援を行うのが、東レ経営研究所です。

東レが東レグループの経営後継人材育成を目的に2021年に新設した経営リーダー研修では、次世代リーダーに異文化コミュニケーションを理解させるためにCQを取り入れました。東レグループは24年3月末時点で、関係会社306社のうち194社が海外、売上収益は海外が60%を占めます。国を越えた共創は重要であり、プログラムを受けた方からは「CQの向上が協働と創造につながると知った」「多様な価値観を扱う上で勉強になった」などの感想が上がります。

また一方で上がるのが「外国人との仕事以外でも役立つ」「海外経験のない自分にも関係があると気付けた」といったもの。

これについて当然とうなずき、むしろ「本国と外国という話ではない」と強調するのが、同社の代表取締役社長の髙林和明氏。髙林氏は「文化を扱い、異なる視点を持てるリーダーを育てたい」と語ります。

タイでグループ9社4000人の代表を務めていた2019年にCQを知り、帰国後も文化の重要性を学び続ける髙林氏。

なぜ次世代のリーダーは文化を扱う必要があると考えるのか。そしてそこにCQはどのように活きると捉えているのでしょうか。

◯日本からタイに駐在したときの驚き

――高林さんと初めてお会いしたのは2019年でしたね。バンコクでの私の講演にいらしていただいて。ホフステードの6次元モデルに関心を持っていただきました。

高林　私は2017年からタイに駐在し、在タイ国東レ代表として、現地にあった9つのグループ会社を統括していました。20カ国ほどの出張経験はありましたが、海外に住んだのはタイが初めて。3年半だけでしたが、この間に知った「タイ人と日本人の違い」は多かった。住んだことで「日本とは全然違う」と実感しました。

――どんな違いがあったのですか。

高林　例えば下から上へ「悪い情報」が報告されてこない。工場で従業員がケガをしても、その管理者は「知らない」と言いますよ。後にCQを知って理解が深まりましたが、タイは権力格差の高い国民文化なんですよね。日本人幹部が「絶対に怒らないし、評価を下げることもないから、正直に言ってほしい」と言って、初めて話してくれます。

――そこで当時の高林さんは、タイの事業でどんなことに取り組んでいたのでしょうか。

髙林　タイは東レの中でもっとも古い海外生産拠点で、もう半世紀以上になります。その中で、ひとつはコンプライアンスの強化ですね。

――長く働いている従業員さんもいらっしゃるでしょうし、事業も長い。それでもコンプライアンスに課題はあったと。

髙林　そうですね。例えば人間関係だけで仕事をしたり。それはタイという国に限らず、東南アジア全般だとは思いますが。集団主義の国ではコネが強く効き、不正が起きやすい。現地にいた日本人社員は、そうしたコンプライアンス上での問題が起きないように仕組みを変えていっていました。購買のプロセスに人の手が入らないようにシステム化を進めるなどですね。

――そういう文化の場合は、システム化が効果的だと思います。

髙林　タイの9社にはそれぞれ優秀な社長がいましたし、一緒にやっていったというだけです。私自身はあくまでタイを統括する立場です。ただ、彼らは「髙林さんは背中を押してくれる」と言ってくれていました。私は「日本から変なことを言われたら正々堂々と反論しろ」と言っていました。リーダーとしては「自分が先頭に立ち、周囲と摩擦を起こしてでも変えていく」という覚悟が大事だと思っています。

◯心に火がつくポイントはさまざま

――そこでCQに関心を持ったのはなぜでしょう。

髙林　私は教育学部出身で「人の心」への関心から、日本にいるときからコーチングなどを学んでいました。ですが、コーチングはタイで役に立つとは思えなかった。コーチングの観点で部下に質問を投げかけると、「あぁ、この上司は仕事ができないのだな」と判断されてしまいます。

――相手の考えを引き出すような質問が効果的でなかったのですね。

髙林　その方法を機能させるには、自分の能力や権限を示した上で〝あえて〟質問しているのだと示さなければならないんです。

――タイは集団主義も高い国ですし、メンツ（体面）も大事にしますよね。

髙林　そうですね。工場での3S活動でも「きれいにしてください」と指示をしただけでは動いてくれません。けれど工場間で、タイ人同士で相互査察をさせると一生懸命やります。メンツを失いたくないんですよ。そこから「心に火がつくポイント」は国によって違うのだと感じました。タイでは相互査察がうまくいきましたが、別の国では報奨金を付けるほうが動いてくれるかもしれません。

——目標を達成すべきと考えるか、生活の質を重視したいと考えるかの差ですね。

髙林　そんなときに宮森さんの講演を聞き、メモしていた「違い」と6次元モデルを自分なりに照らし合わせてみたんです。すると、なぜタイ人と日本人のやり方に違いがあるのかが驚くほど視覚化されました。

○不透明な時代に必要なもの

——帰国後、髙林さんは東レ経営研究所の社長に就任されました。経営リーダー研修のプログラム作成に携わり、そこにCQを取り入れることを決めていただきました。私も当初から携わっています。ただ東レグループの場合は、タイでも、それまでのやり方で、ある程度の結果が出ていたわけですよね。

髙林　私たちだけではないと思いますが、日本の大企業の組織文化はどちらかといえば権力格差が高いですよね。

——素晴らしい技術を持っている分だけ、そうなりがちなのでしょうね。決められたプロセスにのっとって、物事を進めていかなければならない。

髙林　設備産業ですから、一度スタートすると変えづらいんですよ。売上の増減に合わせて、柔軟に調整していくというやり方ではない。特に工場という職場はピラミッド型。そういう意味では、東南アジアとは相性がいいんです。

――なるほど。そこでうまくいっていた中で、「文化を扱えるリーダーを育てたい」と考えた真意はどこにあるのでしょうか。

髙林　現代が「先行きの不透明な時代」だということですね。今までは、一つの目標を同じく見て、一体となって突き進んだほうが効率はよかった。ところが、ＶＵＣＡとも呼ばれる不透明な時代に入りました。環境の変化に合わせられなかった恐竜が絶滅したように、企業も時代の変化に合わせて、イノベーションを起こして変革しないと成長しないと思います。

――東レグループのコーポレートスローガンは、まさに「Innovation by Chemistry」ですね。

髙林　これまでは、イノベーションが次々に生まれてくる組織文化があったと思います。ただ近年は、イノベーションに必要な「行き当たりばったり」で進めてもいいという自由さよりも、「管理」という部分が勝っていると私は感じています。イノベーションのためには0を1にする人も必要ですし、1を100にする人も必要。管理して人をまとめるタイプと、突き進んでいくタイプが対になっていないと。SONYさんやHONDAさんの創業時もそうですよね。

――「Innovation by Chemistry」を取り戻すためにも、違う視点を組み合わせる必要があるということですね。

高林　先行きが不透明な時代の中で、いろんな視点とやり方を学んでほしいと思ったんです。日本の普通が普通とは限らないんだと。

異文化コミュニケーション研修は国内でも活きる

高林　私がタイで他社の日本人の方を見ていたら、成功している人は10年以上も駐在しているような方が多かった。タイ語も堪能で、現地になじんでいました。

――ただ一方で、ほとんどの企業はそれほど長く駐在することは難しいですよね。

高林　はい。たいていの駐在期間は3年程度ですよね。「ようやく違いが分かってきたな」というところで帰ってきてしまう。例えばタイの方は、決められているものに動かされることが嫌なんですよね。日本に来た方が一番嫌なことは「電車が定刻で運行すること」だといいます。他人が決めたスケジュールに急かされることがストレスになる。逆に朝令暮改についてはまったく抵抗感がない。

――日本はわりとしっかりとした時間管理の下で物事を進めますが、タイでは逆。時間割どおりには進まないけれど、違うやり方で成功させますよね。そこはすごいことだと思います。

髙林　すごくフレキシブルにね。タイの方は言うんです。「日本人のスケジュールは整列されたブロックだけれど、私たちのはチャオプラヤ川（タイの大河）に浮かぶ葉っぱ。ユラユラと流れています」。

――分かりやすい例えですね。

髙林　そういう違いがあるという視点をまず持ってほしいと思いました。駐在前もですが、海外に関わるかどうかに限らず。研修を受けた方からは「有意義だった」というフィードバックが多いのですが、実は、あるときフォローアップ面談でショックを受けたことがあって。海外経験もなく、この先の予定も今のところはない方から「異文化コミュニケーションの話は単に聞いておけばいいのですよね？」と言われたんです。そういう方には、そう見えるのかと。これは海外に行かない人には不要という話ではまったくありません。物事を異なる視点から見たり、先入観を持たずに見るために全員に必要です。

○体験による実感の重要性

——研修が始まって2024年で4年目になりましたが、今後に向けてはいかがでしょうか。

髙林　成果として、異なる視点を持てる人が少しずつ増えていると思います。CQが役立つという思いは年々強まっています。ただ次世代のリーダーだけにCQを学んでもらうだけでは足りません。私は、少なくとも日本から海外に行く人たちはやらないといけないし、もっと下の世代にも広げていかないといけないと思っています。でないと会社の組織文化が変わらない。特に若手は会社を変えようという意欲もありますし、学んでもらいたい。対して「粘土層」と呼ばれるようなミドルの管理職に身に付けてもらうのは大変。年代で分けるわけではありませんが、シニア世代はさらに大変ですしね。

――物事の見方が固まりがちということですね。

髙林　はい。例えば、よくシニア世代から「若者はすぐに転職してしまう」などという話が出ますよね。シニア世代は一つの企業に勤めあげることが当たり前の時代を過ごしてきました。ですから「転職が当たり前」という前提がなかったりします。自分の当たり前を疑うところから始めないと。今後は定年も延びるでしょうし世代間のギャップも広がる。デジタル化もさらに進む。よくデジタル化は、サプライチェーンや産業構造を変えるといった文脈で語られます。ですが私は「人の価値観を変えている」と捉えています。例えば家庭の中で、一人ひとりがスマートフォンを持つことで、一家団らんの場は減り、個人主義の方向へ流れていると思います。

――価値観が変わっていくということが、まさにポイントですよね。

髙林　異なる価値観を理解して受け止めるための勉強の仕方はいろいろあると思いますが、CQは最適なプログラムだと思いますよ。また、学ぶ上で重要なのは体験とセットにすることですよね。宮森さんもよくおっしゃいますけれど、講義を聴いて「ああ、違うんだな」だけではなくて。宮森さんの研修ではワークショップ形式の「会議シミュレーション」を組み込んでいただいていますよね。

――「世界に拠点を置く会社の中で、社内で世界共通の休日を設定する」という架空のテーマで、参加者に役を割り振って話し合ってもらっています。休日を決めるという簡単なテーマですが「日本人はこう見えるんだ」や「アメリカに長く住んでいたのにアメリカ人になりきるのが難しい」と気づいていただけています。疑似的にでも体験してもらうことは大事だと思いますね。受けていただいた方からも「カリキュラムを受け取った際は自分にはあまり関係がないと思っていたが、講義やワークショップを通じてCQの重要性を実感でき、興味を持つようになった。文化の違いを理解した上でアプローチすることが、結局は近道。今後の海外との仕事および世代の異なる社員とのコミュニケーションに使っていきたい。」「人と協働する力が養われ、成果や創造につながることを学んだ。視野の拡大、共感力や問題解決能力の向上等が図られ、リーダーとして重要なスキルだと実感した。」といった感想があります。

○時代の変化をも受け入れる力を育む

――また一方で、皆さんからの感想を見ると「日本のやり方を押し付けていたが、現地の人たちにできていて、日本人にはできていないことがあることに気づいた」といったものもありました。それぞれが異なる強みを持っていることへの気づきも大きいと感じました。

髙林　これまでの日本とまったく異なるやり方が必要なのだと思います。私自身タイで、命令をして、競争意識を働かせるといったやり方では「心に火がつかない」ことを体験しました。それよりはもっと楽しんで働いてもらう中で、仕事の面白さを探してもらう。これがアメリカに行けば、また違うんでしょうね。

——そうですね。「個人の意見がないと相手にしてもらえない」といった傾向が強まりますので。その点では、御社の研修では次世代のリーダーが集まる場ですから、アメリカで勤めてきた方も中国で勤めてきた方も、日本が長い方もいらっしゃいます。お互いの国の経験も持ち寄った対話型の学びも生まれていますよね。

髙林　まさにそのとおりですね。

——価値観が変わっていく中で、これまでの組織文化では立ち行かなくなっていきます。私が研修に携わってきたこの4年間でも「これまでのように自分たちのやり方を現地でそのままやってもらうだけではダメなんだ」とおっしゃる方が増えてきたことを感じます。

髙林　今は、世の中が変わる分岐点。新型コロナウイルス禍によってリモートワークが進みましたが、また出社の必要性が言われていたりと、働き方の変化も著しいですよね。価値観のギャップが顕在化している。大きな変化の分だけ揺り戻しもあって。「先行きの不透明な時代」だと思います。

――さまざまな価値観を受け入れられる力を持つことで、その揺り戻しも受け入れられるということにもなりますね。

高林　はい。そのマインドと、組織文化を変えていくためにはもう一つ、ルールづくりも大事ですよね。

――日本の企業は、ルールやシステムなど、制度面を変えるのは得意。ただマインドが伴わないと、組織文化は変わっていかない。

高林　いわば仕組みが経糸《たていと》で、マインドが緯糸《よこいと》。これを織物のように組み合わせないといけませんよね。東レグループでもそうした違いを受け入れ、文化を扱えるリーダーを育てていきたいと思っています。

CASE STUDY 04

組織文化の変革に取り組む覚悟と信念

株式会社レゾナック

代表取締役社長 CEO

髙橋 秀仁 氏

1962年生まれ。86年、三菱銀行（当時）入行。日本ゼネラルエレクトリック（GE）ほか外資系数社を経て、2015年に昭和電工（当時）入社。23年より現職。

取締役 常務執行役員
最高人事責任者（CHRO）

今井 のり 氏

1972年生まれ。95年、日立化成（当時）入社。経営企画や米国での営業や複数事業に携わり、2019年に執行役に就く。22年にCHROに就任し、24年より現職。

レゾナックは2023年、昭和電工と昭和電工マテリアルズ（旧日立化成）の統合により生まれました。

その1年前、22年に髙橋秀仁氏が2社のCEOに就き、実質的な統合を果たすと、早々にパーパス・バリューを制定。定めたパーパスは「化学の力で社会を変える」。さらに企業価値の向上とは「戦略」「個の力」「組織文化」の掛け算だと言い切ります。

同社は半導体を製品として完成させるプロセスである後工程向け材料は15種類ほどあるうち、10種類を持ち、その多くが、世界シェア1～2位。「戦略」にもこの強みが活かされます。24年には日米の材料・装置等の企業10社によるコンソーシアム「US-JOINT」の設立を発表。米国シリコンバレーに拠点の設置を予定するなど、果敢な攻めの姿勢にも注目が集まっています。

また「個の力」という軸で目指すのは、自律してパーパス・バリューを体現する人材の育成。そのために髙橋氏とCHROの今井のり氏は国内外の拠点を訪問し、対話を重ねてきました。実質統合1年目には「タウンホールミーティング」「ラウンドテーブル」、2年目は「モヤモヤ会議」、3年目の24年は「パーパス探究カフェ」など、取り組みは多岐にわたります※。

そして同社が力を入れるのが「組織文化」の変革です。人材育成と、自発的に動き出せる組織文化の組み合わせから「共創型イノベーションの創出」の加速を果たしています。

組織文化は企業価値の最大化に欠かせないと言い切り、CEOとCHROが率先して動く覚悟と信念とは。髙橋氏、今井氏へのインタビューは軽妙で緊密な連携が垣間見られる時間となりました。なお同社資料での用語「企業文化」を、本書での統一から原則「組織文化」と表記することをお断りしておきます。

※　同社の「タウンホールミーティング」「ラウンドテーブル」では1年目にCEOとCHROが従業員1000人超と対話。「モヤモヤ会議」では参加者のモヤモヤを話し合い、その場で経営層などが意思決定を行った。また「パーパス探究カフェ」とは従業員が自身のパーパスを自覚し深掘りする取り組み。

○ＪＴＣの組織文化を変えるという実例を目指す

――御社は「国内の製造業を代表する共創型人材創出企業」を目指し、ＪＴＣ（Japanese Traditional Company：伝統的な日本企業）の組織文化を変える、その実例をレゾナックで示したいと明言されていますね。

髙橋　僕はもともと銀行員として海外で勤務していました。その頃に日本企業の技術の素晴らしさの一方で、経営の課題も感じました。バブル崩壊後に、アメリカで日本企業がバブル期に買った企業を売却する仕事をしながら「あんなに優れていた日本のメーカーなのに、なぜこんな買収をしたのか」と考えさせられたからです。「日本に帰ったら、日本の会社を強くしたい」と思いました。ですが２０００年代当初はまだ、退職した銀行員を雇うような時代ではなくて。ちょうどそのときにＧＥからお声がけをいただきました。よく言っているのですが、僕はＧＥで経営を勉強しようと思っていたんです。けれど日本企業と一番違っていたのは、人事の分野。その衝撃が原体験にあります。その後、いくつかの外資系企業で社長を務め、15年に昭和電工に入りました。当時の昭和電工は上意下達が強かった。ある経営会議で僕が発言したら、ただでさえ静かな会議がさらに静まりかえりましたよ。これまでこういった場で発言する人なんていなかったんですよね。一方でGEの会議には妙な緊張感があった。

――はい。私もGE出身なので分かりますが「絶対に話さないといけない」という緊張感がありましたよね。

髙橋　そうそう。だけど、バリューを共有しているから、チームで何かを達成するとすごく気持ちがいい。あの幸せを他の人にも味わわせてあげたいというのがモチベーションです。そこから旧日立化成との統合の話が出て。僕は即座に「やりたい」と思った。やる人・やること・やり方を変えないで、世の中は変わらない。統合すれば、この3つ全部を変えられると思ったんです。〝ガラガラポン〟ですね。そこで今井が登場するんですよ。

今井　昭和電工側の統合のリーダーが髙橋で、旧日立化成側が私でしたね。

◯インターナショナルに多様性を理解し合いたい

――お2人の出会いも素晴らしいですよね。

髙橋　これは良かった、たまたま考えていることがほぼ一緒。本来、ＪＴＣと呼ばれるような製造業の大きな企業は、優秀な学生たちを採用しています。なのに、そのポテンシャルが解放されていない。これは日本にとってもったいないないですよね。海外で暮らしてみると「日本っていい国だな」と思う。

――私も17年いましたので、すごく分かります。

髙橋　こんないい国が、経済成長の停滞で自信をなくしていることがもったいない。もっと存在感を出せば、国際社会でもさまざまな貢献ができる。この課題を解決したいという強い思いが2人ともありました。グローバル・カンパニーでなく、日本の良さを活かしつつ、インターナショナル・カンパニーを目指したい。よくアメリカの企業をグローバル・カンパニーと呼びますけれど、結局はアメリカン・カンパニーですよね。同様に、自国のルールのまま世界に展開する企業は多い。ましてや僕らのレベル感で「グローバル」というのはおこがましい。でも、せめてインターナショナルに多様性を理解し合える会社になろうというのがベースにあります。

今井　私たちは「会社のために文化を変えたい」のではなくて「日本を変えたい」。役割意識に縛られて縮こまっているのを解き放ちたいという、それだけですよね。統合の際に両社がそれぞれ自分本位にならずに協業できたのも、その背景があります。

パーパス・バリューの必要性

――企業価値に「戦略」と「個の力」を組み合わせて考える経営者はいると思います。ただ、さらに組織文化も掛け合わせるというのは、私が見てきた中では、お2人が日本では初めてではないかと思います。

今井　実は今やっていることは、8年ほど前に社内に提案して誰からも共感を得られず実行できなかったことなんです。でも髙橋は「うん、そうだね」みたいな。もう5秒くらいでしたよね。

髙橋　そこから2022年の実質統合の際に、パーパス・バリューを制定したんです。当時は必要性が理解されなかったので、ベンチマークとする事例を用意して説得して。事例は自分たちに近いような日本の製造業のものを探し、統合前の2社のトップを説得するだけでも2週間かかりました。でも最終的に理解してもらえましたね。「今まではは必要なかった。けれど、フェーズが変わる。だからパーパス・バリューが必要になるんだな」と。

今井　結局、生え抜きで〝同じ釜の飯を食ってきた人たち〟だけなら必要性を感じないんですね。多様性が生まれるから必要になるという。

――そこを分かってくれた。

高橋　ただ、パーパス・バリューを定める会社はいっぱいありますよね。一緒に制度も変えたり。でも、極論それはどうでもいい話なんですよ。そこから根性を入れて運用するかどうか。

――どんなに、個の力を育てても、その人たちがポテンシャルを解放できない組織文化なら意味がありませんよね。その環境をつくるのが、やはり経営者だと思います。

高橋　そうなんですよ。ＣＥＯの仕事は企業価値の最大化であり、そのための環境づくり。だからこそ、覚悟と信念をもって組織文化の変革に取り組んでいます。

企業価値最大化のために守るもの

――髙橋さんは「覚悟と信念」と合わせて、「企業価値最大化のために『大義と品格』を汚

す気はない」ともよくおっしゃっています。その姿勢は2024年に、御社が石油化学事業を完全には切り離さず、パーシャル・スピンオフ※を視野に分社化を決めたことにも表れていると感じます。

髙橋　企業価値の最大化だけを考えるなら完全分離を狙って100％スピンオフすることが正解かもしれません。しかし、それをして「あとは知りません」というのでは社会的責任という点で疑問でしょう。そうではなくパーシャル・スピンオフを選択。従業員からは「心配です。レゾナックになって、せっかく変わった組織文化がなくなってしまうのでは……」という声もありましたが「いやいや『お父さん』じゃなくなったけど、『親戚のおじさん』だから」と答えています。例えが適当か分かりませんが。

――関係性は続くし、適切な契約は必要でしょうが、研究開発などいつでも頼っていいということですね。

髙橋　パーパス・バリューも一緒で、「ＡＨＡ！（Awards of Harmony）」というグローバルアワードにも応募ができる。

※　パーシャル・スピンオフとは元の親会社に一部持分を残すスピンオフ。令和5年度税制改正では、一定の要件を満たすと税制上のメリットがあるパーシャル・スピンオフ税制が創設された。

今井　高橋は、いわゆる持続的な成長に焦点を当てていますよね。短期で株価を上げることに執着せず、しっかりと企業として持続的な成長を果たしていこうとする。

髙橋　プラスして「持続的な成長の根本は『人』」と。だからこそ人の交流もさせてあげたいですよね。

○「個の力」を育てる

――お2人は「個の力」の育成に力を入れています。そこで「共創」と「自律」はキーワードですよね。私は、日本は共創が世界一ではないかと思っているんです。これだけ「すり合わせ」のうまい国民はいません。けれど自律している人は少ない。自律のために本質を考える機会が少ないと思います。自律なしの共創は〝仲良しクラブ〟になりかねませんが、お2人はどのように考えていますか。

今井　日本人には「村社会の和を乱すべきでない」という民族性があると思っています。そこで育ってきているので、自律の意義を理解してもらい、自律してもらうことはすごく大変。まずは危機感を持ってもらうことから始めました。その上で小さな成功体験を積み重ねる。モヤモヤ会議もその一つですね。「モヤモヤだって言っていい」という組織文化づくりです。

――自律は日本人にはこわいことかもしれませんね。国民文化からも「間違ってはいけない」というプレッシャーは強いですし。お2人から投げかけて、従業員の方から意見は出ましたか？

今井　出ましたね。

髙橋　とてもね。

――そこがすごい。他の企業では意見が出ないと思いますよ。

今井　そのために、モヤモヤ会議を開始する前の1年間で髙橋のキャラクターを宣伝して回ったんですよ。最初は役員も含めて皆さん、髙橋の経歴から「数字だけを見て、切り売りする人」だと思っているわけです。とにかく警戒されて仕方がない。なので2人で各拠点に行き、髙橋の話に横から私がツッコミを入れる。最初は私自身も探りながら「それ違うんじゃない？」とか。

髙橋　僕は「そうだっけ？　ごめんね」と。僕、よく間違えるし、よく謝るんですよ。

今井　常に走っているから、抜け漏れも多いですしね。その様子を見せると「髙橋さんにツッコんでもいいんだ」と分かる。23年は63拠点を回りました。そのタウンホールミーティングを経てモヤモヤ会議をスタートしたので、本当にたくさんの意見が出ました。次はパーパス探究カフェで「自分を知る」ということを進めています。時間はかかりますし、25年も実行していく予定です。

髙橋　時間はかかりますよね。僕は社長に就いたときから、組織文化を変えるのには最低10年かかると言っています。ただ一方で、海外拠点では逆に「ようやく意見を言える文化になる」という反応だった。日本でも拠点ごとに濃淡はあります。課題が残っている拠点はパーパス探求カフェに進まず、モヤモヤ会議を続けています。

○個人のパーパスと組織のパーパス

――御社は「自分のパーパスを実現するための乗り物がレゾナック」と言っていますよね。自分と会社のパーパスが100％一致しないといけないと思っている方もいますが、そんなことはありえませんよね。

髙橋　パーパス探究カフェの最後には、自分のパーパスと会社のパーパスを、2つの円で描いてもらいます。これが面白い。まるまる重ねて描く人はほぼいない。一部が重なっていたり、片方が片方にまるっと含まれていたり。まったく重なっていない人もいて。「全く接点がないんだね」と言ったら――。

今井　「今、歩み寄っているんです」とかって。

――それぞれにポテンシャルがありますよね。多様性があって、違いを尊重して何かを生み出していくという。そのためにお2人が心理的安全性を作っていると思いますし、知的誠実性もあると感じます。

髙橋　僕は「従業員に嘘をつかない」ことがモットーです。厳しいことも正直に言う。例えば役員に対して厳しいことは言いにくいものですが、僕は結構、指導していますよ。

今井　日本企業ではあまりやらないレベルですよね。逆に髙橋に対しても、フィードバックはありますし。髙橋が社長に就く前には役員一同で泊まり込んで、髙橋に対して思うことを率直に伝える会をやりました。髙橋にダメ出しをする場をあえてつくって。

髙橋　これがすごかった。僕のタウンホールミーティングを今井がこっそりコンサルタントに見せていたんですよ。その方が私にこと細かくダメ出しをしてくれたんです。2時間くらい。役員の皆さんの前で。さすがに、へこみましたよ。そのままロールプレイングで、翌年のタウンホールミーティングのスライドの説明をして。直前にボコボコにされたから安全運転にもなる。けれど話し終えると全員から「面白くない」。

今井　「髙橋さんらしくない」と。

髙橋　「もう、どうすれば……」と思っていたら、1人が手を挙げて「分かった。髙橋さん、変わらなくていいよ。私たちでフォローします」。

――素晴らしいチームビルディングですね。

◯「健全な衝突」を成り立たせるための教育

――それでもまだ、抵抗感を持つ従業員の方はいますか。

今井　いますよね。3割の人が先を走っていて、6割は時間がかかるけれど変わっていく。残り1割はやはり最後まで抵抗する。その1割の方には「当社のバリューが合わないなら、外のほうがいいかもしれない」ということもしっかり話します。

――御社にいることが、必ずしもその人にとっての幸せではないかもしれませんからね。

髙橋　僕は新入社員の内定式でいつも言うんです。「終身雇用は保障しません。30年後の産業構造がどうなっているかなんて誰も分からない。けれどその代わり、僕は君たちがどこでも通用するように育てます」と。そう話す手前、責任を持ってやっていますよね。当社くらいの教育を受けた人なら絶対にどこか行き先はあると思うんですよ。

今井　まだ変わっていない6割の人にはデータも踏まえて話したり、ワークショップをすると、だんだんと分かってもらえます。

髙橋　今、導入しているFFS理論※も役立っていますね。

今井　思考の違いを見える化することで、皆さんの腹落ち感も生まれてくるのかなと。チャートで見せながら「この拡散性が強い人たちは、今まで邪魔者扱いされていたかもしれませんが、実は組織を活性化させているんですよ」とか。

髙橋　「保全性が高い人だけだったら会社は立ち行かなくなるからね」とか。

※　FFS（Five Factors & Stress）理論は「ストレスと性格」の研究において開発されたもの。人の思考行動特性を5つの因子（凝縮性・受容性・弁別性・拡散性・保全性）とストレス値で定量化することで、その人の潜在的な強みなどが客観的に分かる。

――私自身は拡散性が高くて、意見を言うのも当たり前。特に海外で働いていると、意見を言い合うのは「健全な摩擦」でした。ただＪＴＣの保全性の高い方などからは、それだと「宮森さんはこわい」と思われてしまったり……。ちょっと悲しくなるときもあります。

今井　やっぱり教育なしには健全な摩擦もできないでしょうね。例えば保全性の高い人は、型をまず学んでもらってから実施するなど、相手に合わせたやり方があると思っています。やはり日本人は適応力がありますし、皆が楽しそうにやっていると少しずつそちらに寄っていきます。また、マネジャートレーニングも力を入れていて、マネジャー層からはトレーニング疲れのような声も聞きます。ですが手は緩めない。やっぱりＣＥＯがそこにコミットしているので教育も進められるんです。私たちに迷いがあれば、皆さんも見透かしてトレーニングも身が入らないと思います。

◎企業価値向上に何より大事なこと

――お２人がコミットしているわけですから、いい意味でのプレッシャーも働いていますよね。パーパス探求カフェなどを外部のコンサルタントがファシリテーションをするケースは多いですが、CEOとCHROが2人そろって各事業所や現場に赴き、さらにCHRO自らがファシリテーションをするというのも聞いたことがない。ストレスやフラストレーションを感じることはありませんか？

今井　単純に言ってしまうと、好きだからですよね。また私自身が、自分でやって体験しながら学ぶタイプだからだと思います。CHROの仕事は現場と経営をつなぐこと。現場感覚がないと、次の施策は考えられません。平均すると3日に1回の頻度で現場に行っていますね。

髙橋　ある企業の方々が当社の取り組みに関心を持ってくださって、先日、タウンホールミーティングなどにいらしたんです。その後で、悪気はないと思いますが「CEOとCHROが、これほど時間を使っている。『もっと大事なことがあるのでは？』と言われませんか」という質問があったそうです。これを聞いたときに僕には「これより大事なことがどこにあるのか」と理解できなかった。

今井　経営としてそこに取り組むためのベースが2つあって。1つは権限委譲ができていることと、もう1つは非財務の重要性を認識していることですよね。そこができているから取り組めていますし、でないと「業績会議をやっていたほうがいい」ということになると思うんです。

高橋　それには相当の覚悟が必要で。僕は振り切ったので、今は四半期決算の会議にも出ていません。よく決算会議で数字を見て怒る方がいますが、怒っても数字は変わらない。それなら、その数字を作ってくれる人たちが高いモチベーションで働いてくれる環境を作ったほうが企業価値向上につながると思っています。

今井　当社は研究開発型の企業。すり合わせが価値の源泉であるため多様性がキーになります。その多様性をインクルードできる土台として組織文化は本当に大事です。

高橋　いつも言っていますが、企業価値の向上は「戦略」と「個の力」と「組織文化」の掛け算。ポテンシャルを解き放つことで、エンゲージメントは高まり、企業価値は上がると思います。そのための「組織文化」を作らないといけないでしょうね。

——お2人の取り組みを、日本中に広げていきたいですね。本当に、これより大事なことはないと思います。本日はお2人ともお時間をいただき、ありがとうございました。

CASE STUDY 05

一人ひとりが持つものを尊重する

マレーシア味の素社

代表取締役社長

大澤理一郎氏

1995年、味の素入社。2006年よりフランスに駐在し、2012年に帰国。国内外の事業を歴任し、事業推進に携わる。23年より現職。

味の素グループは1961年、マレーシアへ進出した最初期の日系企業です。国民の6割強がイスラム教徒というマレーシア。イスラム教徒は戒律による食のルールがあります。そのため、ハラルというイスラム教で食べることが許された食材や料理の安定供給が重要です。マレーシア味の素は1965年にマレーシア政府によるハラル認証機関から認証を受け現地生産を開始、２０２１年には全国ハラル会議の産業部門でベスト・マレーシア・ハラル認証保持者として表彰されました。

そして創立60周年を迎えた22年。同社は新工場をオープンし、本社機能も別の場所に移転しました。約19ヘクタールの敷地にある新工場は、ハラル認証を受けていることはもちろん、デジタル化なども踏まえた先進技術を取り入れ、〝フードダイバーシティ〟に対応しています。

こうしてハード面の増強が図られた翌年の7月に、社長に就任したのが大澤理一郎氏でした。

10代の前半を米国で過ごし、味の素入社後はフランスに6年間駐在するなど、海外経験が豊富な大澤氏。

ところがマレーシアに着任してみると、それらの経験が通用しないと言ってもいいほどに、文化が違っていたといいます。そこにいたのは、マネジメントの意見を聞くことを優先し、押し黙る従業員たち。その状態は大澤氏にとって、強い「フラストレーションだった」そうです。

それから約1年強。同社には立候補により自社のビジョンを自ら創りたい、と希望する従業員が38人現れ、今後の成長に向け、組織文化の変革に歩み出しています。変革に臨んだ大澤氏の背景、自律と共創を促す取り組みについて聞きました。

〝欧米〟でくくるという誤り

――大澤さんの最初の海外駐在はフランスでしたね。

大澤　2006年からの6年間ですね。さらにさかのぼると、12歳から15歳まではアメリカで過ごしていました。初の海外駐在でしたが、米国での経験からフランスでもなんとかなるだろうと考えていました。当時の僕は〝欧米人〟というくくりで、ステレオタイプな思い込みをしていたんです。ところがフランスは米国と大きく違っていて、カルチャーショックどころか、最初の2年間はフランス人と仕事をすることが嫌いでした。すごく怠惰に見えたんです。

――「なぜ、こんなに怠けるんだろう」と。

大澤　けれど3年目になると、実はフランス人は違う価値観を持っていることが分かった。怠惰に見えた行動の理由が理解でき、フランス人のことが好きになっていきました。するとフランス人も僕のことを好きになってくれた。自分が相手を好きにならない限り、相手は心を開いてくれないことを、36歳にして改めて学びました。

○相手の価値観を尊敬する

──単に「いいな」というより、「なぜ」に関心を持ち理解をしたので、フランス人も大澤さんのことを好きになったのだなと感じます。相互適応されたのですね。

大澤　素晴らしい価値観がいっぱいあったんです。フランスには、夏季休暇が数週間ありますよね。娘の友達のフランス人家族は「子供とまとまった期間を共にすることが大事なんだ。でないと子供が今、何を考えて何に悩んでいるのかが分からない」と話していました。僕は仕事に価値観を置き、その視点から「フランス人は怠け者」と捉えていた。けれど、そもそもの人生観が違う。自分の人生観を見直さなければと思うほど尊敬しました。

――国民文化という視点から見れば、米国と同じく個人主義が強いフランスですが、米国とは異なり生活の質志向が強く、家族の関係性を大切にする。そういう部分に大澤さんが共感したことから、人間関係が深まり、仕事も順調だったのではと思います。

大澤　毎年、一歩ずつ入り込めて、見える景色がどんどん広がっていくのです。最後の数年は「このままフランスにいたい」と思っていましたね。最初の2年からは考えられない。

――フランスで得た価値観は、日本に帰国後、どのように影響しましたか。

大澤　部下に「休暇取得」「家族を最優先」を絶対的な価値観として伝えていました。ただ自分自身を省みると、仕事ばかりしていた気もします。「また海外に行きたい」と思っていましたが、マレーシアへの赴任が決まったのは、フランスから帰国して12年が過ぎていました。

○フランスとは対極と感じたマレーシアの文化

――マレーシアへは社長として赴任されました。新工場ができたのは、大澤さんが着任される前年でしたよね。

大澤　ミッションは2つあると考えていました。1つはマレーシア味の素の事業を大きく成長させること、もう1つは新しいイノベーション、価値を創り出して事業構造を変えていくことです。生産能力で言えば、旧工場と比べて1・5倍。会社を成長させるための環境は整っていました。一方の事業構造はと言うと、60年以上の歴史があるわりに新しい製品が生まれていなかったのです。古い製品がいまだに主力でした。

——赴任して、どんな印象を受けましたか。

大澤　フランスとは対極だと感じました。会議では僕や経営メンバーの発言を皆が黙って聞いている。「意見があれば、ぜひ言って」と聞いても、シーンとしている。基本的に「待つこと」と「従うこと」が仕事のスタイルというか。「まずは様子見」という雰囲気でしたね。

——私が初めて大澤さんにお目にかかったのはその頃でした。「フラストレーションだ」とおっしゃっていましたよね。

◎自分で考えてもらうこと

――それから約1年がたって、変わったと伺っています。

大澤　大きく変わるにはまだまだ時間がかかると思うのですが、「ビジョンプロジェクト」がきっかけになったと感じています。

――手挙げ方式で、従業員がビジョンを考えるというプロジェクトですね。詳しくお聞かせいただけますか。

大澤　バックグラウンドから話すと、マレーシアはご存じのように多民族国家。日常的に異なる人種の人が隣り合い、異なる言葉が飛び交います。マレーシア味の素は従業員が約700人いますが、同じですね。

――20年以上働いている方もいらっしゃるのですよね。

大澤　何十人もいます。15年選手もたくさんいますよ。一方で日本人は、僕も含めて8人。全員が日本の親会社からの出向です。ただ経営会議のメンバーは7人中5人が日本人。おのずとマジョリティの日本人の指示を待つ形になるんです。問題は日本人が何年かごとに変わること。その人のやり方に左右される部分もあったために、皆が「受け身」でした。これを変えるために「日本人の言うことを聞くな。自分で何をやりたいのかを考えてくれ」とこの1年くらい言い続けましたね。

――周囲の方は驚いたそうですね。「日本人に従うな」と言われたのは初めてだと。

大澤　日本人幹部が1番びっくりしていました。赴任したその年に始めた対話セッションでは、僕から皆に言いました。「まだ3カ月目の私よりも、あなたたちのほうがマレーシアのマーケットを分かっているはず。『こうすべき』と思うことを言ってほしい。新しく来た日本人の考えや方針は『間違っている』と思うなら意見してほしい」。

○自律（Autonomous）と共創（Co-creative）

――大澤さんが目指す組織文化のキーワードは自律（Autonomous：オートノマス）と共創（Co-creative：コ・クリエイティブ）。マレーシアの方々は共創は上手。でもそれだけだと仲良しにとどまってしまう可能性があるので、新しいイノベーションを起こすために自律も大事だというメッセージを強く発信されていますよ。

大澤　自律と共創の両輪だと僕は思っています。自律は、自分で仕事の目標を設定し、価値や意味を自分で見いだせることが大事。一人ひとりの価値観をお互いに聞き合い、相手から刺激を受け、一緒に物事をつくるのが共創。この二つが両輪として回り始めれば、大きく変わっていくと思うんですよね。

――イノベーションには、健全な対立、衝突が重要です。御社では良好な人間関係がある一方、対立を恐れずに意見を言い合うことにまだ壁があり、大澤さんがその壁を壊そうとしていますね。

大澤　最近、僕のミスジャッジがあって。皆に率直に謝り、仕切り直しているところです。知的誠実性を、どのレイヤーにも見せていくことが大事だと思っています。

――マレーシアは権力格差が高く階層志向の文化的価値観を持っています。上司の言うことを聞き、合わせる文化の中で、社長が謝る姿を見せるのは、ある意味で衝撃的な出来事だったのではないでしょうか。周りの経営会議のメンバーにも大きな気づきですよね。

大澤　僕が着任した時、経営会議のメンバーは日本人がマジョリティでしたが、2024年4月から一つ下のレイヤーのマレーシア人5人を加え、マレーシア人をマジョリティにしました。最初は僕のいうことを聞いているだけでしたが、最近は意見を言うようになっています。他の日本人も僕の意をくんでくれて、あえてその場で僕に反論します。その姿を見せて「社長に『違う』と言ってもいいんだな」と感じてもらう。本気で変えようとしていることが伝わっている印象を僕は受けています。

組織文化を変えるきっかけとなったビジョンプロジェクト

――「合わせることが第一」だった方々に、「本質的なことから自分で考えてほしい」というのは、言われた従業員も大変ですが、言い続ける大澤さんも大変です。粘り強いコミュニケーションに加え、あり方で示し続けていることが、組織文化を変えていくリーダーの姿だと思います。大澤さんが始められたビジョンプロジェクトについて聞かせてください。

大澤　もともと2030年に向けた会社としてのビジョンはありました。とても正しく、真面目なビジョンでしたが、僕は正直ワクワクしなかった。

――そのビジョンはメンバーを巻き込んで作ったものではなかったのですよね。

大澤　いわゆる幹部候補メンバーで作って、マネジメントチームで承認したものです。従業員に「本心でこれを実現したい？」と聞いたら、そもそもあまり知られていない。「あぁ、ビジョン、ありましたね」と。よくある話ですよね。そこで「やりたいことを自分たちで考えようよ」と。「せっかく毎年約2000時間もかける仕事だから、やりたいことをやろう」「家族や友人も誇りに思ってくれる仕事をしよう」などと青臭いことを話し続けました。僕も宮森さんのコーチングを通じて、考えを整理できました。

――ビジョンプロジェクトは2024年の9月から始まりました。

大澤　「誰でも参加できるので、3〜5人のチームを作って、マレーシア味の素のビジョンを創ってください」と発信することからはじめました。やりたい人に参加してもらいたいと。「2030年1月1日に『スター』（マレーシアの主要メディア）がマレーシア味の素を特集するとしたら、どんな記事を書いてもらいたいか？」と投げかけて。参加する社員はそんなにいないのではないか、と影から揶揄する声が聞こえたのも事実です。でも僕は、仕事以外の会社の行事、例えば創業記念日や家族招待イベントの企画運営に携わる社員のクリエイティビティと、楽しそうな様子に可能性を感じていました。仕事では上の指示に従うけれど、フレームを外したら社員はとてつもないことを考えてくれるのではないかと思ったのです。結果、9チーム計38人が参加し、業務時間外に集まって、会社の未来を真剣に、喧々諤々議論し、考えてくれました。審査員も公募です。最終的に約50人がこのプロジェクトに関わりました。9チームのプレゼンテーションを受け、最終的には組み合わせて「Bringing Happiness through

「Tastes that Unite, Inspiring Food Creativity in Your Life.」（意訳：結び合う〝味〟で幸せを、人生に食の創造性を）というビジョンに決まりました。

――上司に従う組織文化だったところから、約1年で会社の約10分の1が自主的にビジョンづくりに参加した。

大澤　しかも、手を挙げてきた人たちが多岐にわたっていて。マーケティングや人事、営業から、財務、製造、品質保証、安全環境部門など。顧客とは遠い業務に携わるチームも参加してくれました。営業チームは、お客様に直接、味の素の価値を聴くインタビューを重ね、そこからビジョンを創り上げました。どのチームも、「会社のビジョン策定に携われる機会は今まで一度もなかった。機会をいただき、ありがとうございます」と言ってくれて。審査員もみんな感動して。僕も、ちょっと目頭が熱くなりました。

――ホフステードの6次元モデルで見ると、マレーシアは家族の文化。大澤さんたち経営陣に見守られている、と信じることができ、場を与えられたら一生懸命、クリエイティブなチャレンジをしますよね。個人ではなく、グループで、「皆で楽しみながら新しいものを創り出そう」と。

大澤　本当におっしゃるとおりですね。

――一つの施策でガラリと変わったわけではなく、大澤さんが就任以来、何度も時間を取って、粘り強くメッセージを伝え、ありかたで示してきた果実ですね。

◯学生たちから得る学び

――新しいものを創り出すという点で、R＆Dへも新たな取り組みをされていますね。

大澤　マレーシア味の素は、これまでは言ってみれば日本の下請け状態でした。それを「自分たちで新しいものを創り出そう」と。ただ経験がなかったり、社外の世界をあまり知らない。そこで東京大学理工系学生発の企業、リバネスと協力することにしました。リバネスは科学教育の振興という視点から、マレーシアで中学校・高校の科学部を支援しています。これに企業初のスポンサーとして、資金を提供し、R＆Dチームがメンターになっています。学生は研究発表の場で、何千人もの前で堂々と発表します。科学振興や、学校・学生へのサポートも目的ですが、僕としてはR＆Dのメンバーに学生たちの姿を見せて、パッションを取り戻してほしいと思っています。

──中高生というある種、未来のお客様が「欲しい」と思うことを、R&Dの方がメンターという形を取りながら、一緒に考えていく、と。

大澤　もともとは2023年にリバネスから声をかけてもらい、僕が中高生の発表を見に行ったところから始まりました。本当に雷に打たれたような衝撃でした。真剣に社会課題を議論し、研究をしている。大人もがんばらなければと思いましたし、「自分の子供をここに連れてきたい」と思いました。その日の夜には役員に「来年、絶対にスポンサーをする」とメールしました。他にも、外との接点をつくり、24年から他社を招いての月1回の研修プログラムを組んでいます。自律については時間はかかると思います。ですが、鍛えないといけませんし、場をつくることで変わっていくだろうと。R&Dに対して、大きく投資しています。

◎一人ひとりの経験に価値がある

──日本でも自律を掲げる企業は多いですが、改めて大澤さんが考える自律のポイントは何でしょうか。

大澤　「一人ひとりの経験」を大事にすることだと思っています。僕は、ナレッジマネジメントの巨人といわれる野中郁次郎先生から大きな影響を受けているのですが、誰もが毎日いろいろな経験をし、その一つひとつに価値があると考えています。ビジネスで言えば、営業でのお客様との会話の一つひとつが重要ですよね。ただ、その経験の価値を、周りも重要視せず、その人自身も分かっていない。けれど実はそこから新しい価値が生まれるかもしれない。だから共有できるようにしようよと。宮森さんからはcollective wisdom（衆知と、それを組み合わせること）とおっしゃっていただきました。

――group think（集団思考）、皆が同じことを考え、やろうと足並みをそろえるということではない。個々の経験や思想、考え方を掛け算して、さらに新たな創造に繋げていく。

大澤　僕も若い頃は、自分の仕事に自信がありませんでした。どんな価値があるのかと悩んで。でも実は、そのかけらが重要だった。それを皆が持ち寄ってフラットに共有することからいろんな発見が生まれる。自律の世界をつくるには、一人ひとりの経験がどれだけ重要かをどこまで伝えられるかが、僕はすごく大事だと思ってます。

○組織文化とビジネスをシンクロさせる

――組織文化の変化が少しずつ見えてきた現段階で、今後についてはいかがでしょうか。

大澤　組織文化がビジネスとシンクロしないと、続いていかないと思います。そこで今、社内で注目しているメニュー用調味料のブランドがあります。30年近く前に発売し、それほど売れているわけでもなく、成長もしていない。販売中止も考えていた。ところが購買層を分析すると、96％がマレーシアでB40（ビーフォーティー）※と呼ばれる低所得者層に売れていた。ならば、B40の人たちが食事を通して元気になるようなコンセプトとアイデア提供が大事では、という話になりました。製造中止に傾いていたメンバーも、B40の役に立てるなら、「絶対に大事だ」と変わりました。

――新たな視点から、製品の可能性を見つめ直したのですね。

大澤　つい先日もマーケティングの担当者から「低所得者層の団地でプロモーションを行うので、時間があれば大澤さんも来てください」と声をかけられて、行ってきました。携帯電話も自由に使えないような方が、僕たちの製品を買ってくれているのだということを実感しました。

――担当者が大澤さんに声をかけたのは、大澤さんが常に「自分たちで考えてほしい」と言い続けてきたことで「社長に現場を見てほしい」と思ったのではないでしょうか。

大澤　僕が行ったら驚いていましたね。「こういう企画があればもっとやってほしい。私も毎回行くから」と言いました。この製品の社会的意義は何か、改めて定義し直しています。ビジョンプロジェクトともつながり、事業プランが描かれ始めています。僕から常に「もっと考えてください」と言い続けて、今ようやく、担当者の目の色が変わってきたと感じます。マレーシアのメンバーがマレーシアの社会ですべきことを、製品を通して見いだしたということだと思います。こういう事例を重ねていくと、今後も自分たちで「会社をこうしていきたい」「自分たちの製品で社会の役に立ちたい」と考えるメンバーが増えていくと確信しています。

――赴任した当初のミッションの実現に向け、組織文化変革を現在進行形でドライブされている姿にエネルギーをいただきました。ありがとうございました。

※　マレーシアの社会構造はおおよそ上位20％（TOP20）、中位40％（MIDDLE40）、下位40％（Bottom 40）に分かれる。Bottom40はB40と略される。

あとがき

混とんとした未来が広がるＢＡＮＩの時代。どこへ向かうのか誰にも分かりません。これまでの成功法則が通用しないことを、私たちは日々実感しています。そんな時代に、誰もが心から「ここで自分らしく活躍したい」と思える組織文化を築くにはどうしたらよいのでしょうか。

組織には、成長や収益性、株主価値の向上といった大きな期待がのしかかります。「人こそが資本」と信じて始めた施策も、時に表面的な対応にとどまり、本質的な課題には踏み込めていないことがあります。しかし、人間が他の生物と違うのは、「文化」を持つことです。文化があるからこそ、私たちは太古の昔から協力し合い、違いを活かしながら、可能性を最大限に広げてきました。

一人ひとりの違いを認め合い、助け合い、希望を分かち合う。そんな文化があれば、誰もが「自律して共感し、共創する」組織が生まれるのではないでしょうか。自分の仕事が人生のパーパスと前向きにつながっていると実感できる場。それがあれば、私たちは「ここにいる意味」を確信できます。

ＣＱは、そのための強力な力になります。私自身、ＣＱに出会ってから「まず一人ひとりの違いを大切にする」ことで、想像を超える成果が生まれる瞬間を何度も目にしてきました。自律した個が共感し、共創する組織文化は、一度つくれば終わりではなく、旅のように続いていくものです。

組織が社会で意味のある役割を果たせるように。全ての人が安心して違いを活かせるように。そのために「自分に何ができるか」を問い、時にはリスクを冒しながらでも変わろうとする。誰かのために、小さくても具体的な一歩を踏み出してみる。そうした積み重ねが、「自律と共感、共創の文化」を築くのだと信じています。

本書は、私一人では決して書くことができませんでした。２０２４年６月、私は動眼神経麻痺を患い、左目が使えなくなりました。一人で歩くこともできず、執筆を続けることは困難で、多くの方の力を借りました。

監修を務めてくださったデイヴィッド・リヴァモア博士は、私がＣＱを生涯のテーマにすると決めたときからの恩師です。拙い原稿に目を通し、貴重なアドバイスをくださいました。デーヴほどＣＱの高いリーダーを私は知りません。どんな人とも、どんな状況でも、違いの中から共創を生み出す。その姿に触れるたび、私は深い知的刺激を受けるとともに、人としての温かさを改めて感じます。彼の存在が、私の学びを豊かにし続けてくれています。

共創の組織文化を体現する企業リーダーの皆さまにインタビューできたことも、望外の喜びでした。貴重な時間を割いてくださった皆さま、調整や原稿チェックを支えてくださった広報の皆さまに、心から感謝しています。

執筆を支えてくださった仲間にも、言葉に尽くせぬ感謝を申し上げます。プロジェクトのプロデューサーとして企業との調整を一手に担ってくださった桜田宏樹さん、執筆協力の三坂輝さん。動けない焦燥感の中、「これも書きたい、あれも伝えたい」と暴走する私の想いを受け止め、読者にとって本当に価値のある形へとまとめてくださいました。メタ視点で本としての構成を整えてくださった編集者の新関拓さん、複雑なスケジュールと原稿調整を支えてくださった遊佐美鈴さん。皆さまがいなければ、この本は生まれませんでした。

また、日々の私の業務を支えてくださる田中美華さん、福井靖恵さん、若林優香さんにも、心から感謝申し上げます。細やかなサポートのおかげで、こうして執筆に集中できました。その支えなしには、この本を完成させることはできませんでした。

アイディール・リーダーズの同僚たち、CQラボのメンバーにも感謝しています。永井恒男さん、後藤昭典さんは常に冷静な視点でプロジェクトを支え、田代礼子さん、宮崎百合子さん、紅谷みゆきさん、Ikumadoメンバーの皆さんは、多様な視点から貴重なフィードバックをくださいました。CQリーダー育成プロジェクトをともに歩む金惺潤さん、宮林隆吉さん。異文化意識開発プロフィールの生みの親、山本志都さん。多くの示唆をくださった中尾隆一郎さん。そして、国内外のネットワークメンバー、とりわけFriends of Hofstedeのヘルトヤン・ホフステード、ハブ・ヴルステン、フェルナンド・ランサー、ルース・コーネリセン。皆さまの洞察と経験が、本書をより豊かなものにしてくれました。

ヘールト・ホフステード先生が2020年に亡くなられてから5年が経ちました。

先生は「自分と違う人がいることを前提に、違いを尊重しながら共存の道を探る。そのために自分の研究が役立つなら、こんなに嬉しいことはない」とおっしゃっていました。その言葉を胸に、私はこれからもCQを伝え続けます。

私のお客様、これまで出会った全ての方々に、心から感謝申し上げます。皆さまとの対話や経験が、私のCQ Journeyを豊かにし、学びを深めてくださいました。その積み重ねが、本書の基盤となっています。

最後に　夫・宮森洋へ。

10年以上にわたり、国境を超えたPMI（Post Merger Integration）の責任者として培った深い洞察、経験から多くの示唆をもらいました。仕事の面でも、人生の面でも、どんな時も寄り添い、支え続けてくれていることに、心から感謝しています。

宮森千嘉子

読者特典

組織文化インサイト診断

――組織の“文化”に、6つのレンズをかけてみよう

『組織文化インサイト診断』は、ホフステードの6次元モデルを使い、あなたが所属する組織の文化を可視化するためのセルフチェックツールです。

組織の“らしさ”は、言葉にしないと見えてこない。
この診断では、あなた自身の視点で見た組織文化が、6つの次元で表されます。

▶この診断で見える6つの文化の軸

- 個人主義／集団主義
- 階層志向／参加志向
- 不確実性の回避／不確実性の許容
- 達成志向／生活の質志向
- 長期志向／短期志向
- 充足志向／抑制志向

あなたがかけた“文化のレンズ”を通して、組織の現在地と傾向を捉えることができます。

▶診断方法（所要時間：約5〜10分）

組織文化インサイト診断 フォーム
https://forms.gle/tLm2jeCjt9qRYXbc6

ご自身の感覚で直感的に答えていただくだけで、組織文化の輪郭が立体的に見えてきます。

▶結果を活用したい方へ

診断結果について、より詳しく知りたい方や、チームや組織単位で診断の活用をご希望の方は、お気軽にお問い合わせください。

アイディール・リーダーズ株式会社
info@ideal-leaders.co.jp

著者
宮森千嘉子　Chikako Miyamori
Ideal Leaders株式会社 Chief Culture Officer

「文化と組織とひと」に橋をかけるファシリテータ、リーダーシップ&チームコーチ。サントリー広報部勤務後、HP、GEの日本法人で社内外に対するコミュニケーションとパブリック・アフェアーズを統括し、組織文化の持つビジネスへのインパクトを熟知する。また50カ国を超える国籍のメンバーとプロジェクトを推進する中で、多様性のあるチームの持つポテンシャルと難しさを痛感。「違いに橋を架けパワーにする」を生涯のテーマとし、CQを核に、日本、欧州、米国、アジアで企業、地方自治体、プロフェッショナルの支援に取り組んでいる。英国、スペイン、米国を経て、現在は東京在住。CQの普及を目指し、一般社団法人CQラボを主宰。

–ホフステードCWQマスター認定者
–CQ Fellows（CQの高い世界を築くことに尽力するthought leadersの中核グループメンバー）
–米国 Cultural Intelligence Center認定CQ（Cultural Intelligence）及びUB（Unconscious Bias）ファシリテータ
–IDI（Intercultural Development Inventory）認定クォリファイドアドミニストレーター
–CRR Global認定 関係性システムコーチ（Organization & Relationship Systems Certified Coach）
–TLC認定 The Leadership Circle Certified Practitioner
–Gallup認定ストレングスコーチ

共著に『経営戦略としての異文化適応力』（日本能率協会マネジメントセンター）がある。

アイディール・リーダーズ株式会社

最新の知見をもとに、リーダーと組織の可能性を広げ、変革の道を歩むことを支援している。エグゼクティブコーチングから事業をスタートし、現在ではパーパス・マネジメント・コンサルティング、リーダーシップ開発、組織文化の変革、DE&I、ウェルビーイングの推進などのソリューションを幅広く展開。
URL：https://ideal-leaders.co.jp/

監修者
デイヴィッド・リヴァモア　David Livermore

デイヴィッド・リヴァモア博士（ミシガン州立大学Ph.D.）は、CQとグローバルリーダーシップを専門とする社会科学者。これまでに数々の受賞歴を持つ著書を執筆しており、代表作には『Leading with Cultural Difference』『Digital, Diverse & Divided』『Driven by Difference』『Serving with Eyes Wide Open』などがある。最新作『Leading with Cultural Intelligence』第3版は、CQに関するベストセラー書籍であり、最先端の研究、実際の事例、そして多様性を超えてリードするための具体的な戦略が詰め込まれている。デイヴィッド博士は、Cultural Intelligence Centerの創設者であり、Society of CQ Fellowsのディレクター、そしてボストン大学Questrom School of BusinessでグローバルリーダーシップのAhmass Fakahany客員教授を務めている。その専門知識は、ハーバード大学、Google、コカ・コーラ、アメリカ国防総省、BMW、カタール航空、国連など、世界中の主要な組織において高く評価されている。100カ国以上を訪れ、国際会議の基調講演者としても活躍。さらに、ウィンザー城のSociety of Leadership Fellowsのフェローとして、グローバルな課題について議論を重ねている。デイヴィッド博士は、社会科学を現場で活かせる形にすることに情熱を注いでいる。その研究や見解は、「The Atlantic」「CBS News」「The Economist」「Forbes」「NBC」「The New York Times」「The Wall Street Journal」などの主要メディアで取り上げられている。学術的な洞察を実践的な知識に結びつけ、多様な業界のリーダーたちにとって欠かせない存在となっている。

強い組織は違いを楽しむ
CQが切り拓く組織文化

2025年5月10日　　初版第1刷発行

著　者――宮森 千嘉子

監修者――デイヴィッド・リヴァモア

発行者――張 士洛
発行所――日本能率協会マネジメントセンター
〒103-6009　東京都中央区日本橋 2-7-1 東京日本橋タワー
TEL 03-6362-4339（編集）／ 03-6362-4558（販売）
FAX 03-3272-8127（編集・販売）
https://www.jmam.co.jp/

装　　丁――山之口正和＋齋藤友貴（OKIKATA）
執筆協力――三坂輝
イラスト――内山弘隆
本文DTP――平塚兼右（PiDEZA Inc.）
図版作成――土屋亜由子（井上則人デザイン事務所）
印 刷 所――シナノ書籍印刷株式会社
製 本 所――株式会社新寿堂

ISBN 978-4-8005-9322-1 C2034
落丁・乱丁はおとりかえします。
PRINTED IN JAPAN